中国古代家谱与年谱

王 俊 编著

中国商业出版社

图书在版编目（CIP）数据

中国古代家谱与年谱 / 王俊编著. -- 北京：中国商业出版社，2017.7
ISBN 978-7-5044-9893-9

Ⅰ.①中… Ⅱ.①王… Ⅲ.①家谱–中国–古代②年谱–中国–古代 Ⅳ.①K820.9

中国版本图书馆 CIP 数据核字（2017）第 127350 号

责任编辑：常　松

中国商业出版社出版发行
010-63180647　www.c-cbook.com
（100053 北京广安门内报国寺 1 号）
新华书店经销
三河市同力彩印有限公司
*
710×1000 毫米　16 开　15 印张　200 千字
2017 年 9 月第 1 版　2017 年 9 月第 1 次印刷
定价：45.00 元
* * * *
（如有印装质量问题可更换）

《中国传统民俗文化》编委

主　编	傅璇琮	著名学者，原国务院古籍整理出版规划小组秘书长，清华大学古典文献研究中心主任教授，原中华书局总编辑
顾　问	蔡尚思	著名历史学家，中国思想史研究专家
	卢燕新	南开大学文学院副教授
	王永波	四川省社会科学院文学研究所副研究员
	叶　舟	中国思维科学研究院院长，清华大学、北京大学特聘教授
	于春芳	北京第二外国语学院教授
	杨玲玲	西班牙文化大学文化与教育学博士
编　委	陈鑫海	首都师范大学中文系博士
	李　敏	北京语言大学古汉语古代文学博士
	赵　芳	出版社高级编辑，曾编辑出版过多部文化类图书
	韩　霞	山东教育基金会理事，作家
	陈　娇	山东大学哲学系讲师
	吴军辉	河北大学历史系讲师
	石雨祺	出版社高级编辑，曾编辑出版过多部历史类图书
	王　欣	全国特级教师
策划及副主编	王　俊	

序　言

中国是举世闻名的文明古国，在漫长的历史发展过程中，勤劳智慧的中国人，创造了丰富多彩、绚丽多姿的文化，可以说人创造了文化，文化创造了人，这些经过锤炼和沉淀的古代传统文化，凝聚着华夏各族人民的性格、精神、智慧，是中华民族相互认同的标志和纽带。在人类文化的百花园中摇曳生姿，展现着自己独特的风采，对人类文化的多样性发展作出了巨大贡献。中国传统民俗文化内容广博，风格独特，深深地吸引着世界人民的眼光。

正因如此，我们必须深入学习贯彻十八届三中全会精神，按照中央的规定，加强文化建设。2006年5月，时任浙江省委书记的习近平同志就已提出："文化通过传承为社会进步发挥基础作用，文化会促进或制约经济乃至整个社会的发展。"又说："文化的力量最终可以转化为物质的力量，文化的软实力最终可以转化为经济的硬实力。"（《浙江文化研究工程成果文库总序》）今年他去山东考察时，又再次强调：中华民族伟大复兴，需要以中华文化发展繁荣为条件。

学习习近平同志的重要讲话，确可体会到，在政治、经济、军事、社会和自然要素之中，文化是协调各个要素协同发展、相关耦合的关健。正因为此，我们应该对华夏民族文化进行广阔、全面的检视。我们应该唤醒我们民族的集体记忆，复兴我们民族的伟大精神，发展和繁荣中华民族的优秀文化，为我们民族在强国之路上阔步前行创设先决条件。

实现民族文化的复兴，更必须传承中华文化的优秀传统。现代中国人，特别是年轻人，对传统文化十分感兴趣，蕴含感情。但当下也有人对具体典籍、历史事实不甚了解，比如说，中国是书法大国，谈起书法，有些人或许只知道些书法大家如王羲之、柳公权等等的名字，知道《兰亭集序》是千古书法珍品，仅此而已。再比如说，我们都知道中国是闻名于世的瓷器大国，中国的瓷器令西方人叹为观止，中国也因此而获得了"瓷器之国"（英语 china 的另一义即为瓷器）的美誉。然而关于瓷器的由来、形制的演变、纹饰的演化、烧制等等瓷器文化的内涵，就知之甚少了。中国还是武术大国，然而国人的武术知识，或许更多地来源于一部部精彩的武侠影视作品，对于真正的武术文化，我们也难以窥其堂奥了。我们还是崇尚玉文化的国度，我们的祖先，发现了这种"温润而有光泽的美石"，并赋予了这种冰冷的自然物以鲜活的生命力和文化性格，例如"君子当温润如玉"，女子应"冰清玉洁"、"守身如玉"；"玉有五德"，即"仁"、"义"、"智"、"勇"、"洁"，等等。今天，熟悉这些玉文化的内涵的国人，也为数不多了。

也许正有鉴于此，有忧于此，近年来，已有不少有志之士，开始了复兴中国传统文化的努力，读经热开始风靡海峡两岸，不少孩童乃至成人，开始重拾经典，在故纸旧书中品味古人的智慧，发现古文化历久弥新的魅力。电视讲坛里一波又一波对古文化的讲述，也吸引着数以万计的人们，重新审视古文化的价值。现在放在读者眼前的这套"中国传统民俗文化丛书"，也是这一努力的又一体现。我们现在确应注重研究成果的学术价值和应用价值，充分发挥其认识世界、传承文化、创新理论、咨政育人的重要作用。

中国的传统文化内容博大，体系庞杂，该如何下手，如何呈现？这套丛书处理得可谓系统性强，别具心思。编者分别按物质文化、制度文化、精神文化等方面来分门别类地进行组织编写，例如在物质文化的层面，就有中国古代纺织、中国古代酒具、中国古代农具、中国古代青铜器、中国古代钱币、中国古代石刻、中国古代木雕、中国古代建筑、中国古代砖瓦、中国古代玉器、中国古代陶器、中国古代漆器、中国古代桥梁等等。

在精神文化的层面，就有中国古代书法、中国古代绘画、中国古代音乐、中国古代艺术、中国古代篆刻、中国古代家训、中国古代戏曲、中国古代版画等等；在制度文化的层面，就有中国古代科举、中国古代官制、中国古代教育、中国古代军队、中国古代法律等等。

此外，在历史的发展长河中，中国各行各业还涌现出一大批杰出的人物，至今闪耀着夺目的光辉，启迪后人，示范来者，对此，这套丛书也给予了应有的重视，中国古代名将、中国古代名相、中国古代名帝、中国古代文人、中国古代高僧等等，就是这方面的体现。

生活在21世纪的我们，或许对古人的生活颇感好奇，他们的吃穿住用如何？他们如何过节？如何安排婚丧嫁娶？如何交通？孩子如何玩耍？等等。这些饶有兴趣的内容，这套中国传统民俗文化丛书，都有所涉猎，例如中国古代婚姻、中国古代丧葬、中国古代节日、中国古代风俗、中国古代礼仪、中国古代饮食、中国古代交通、中国古代家具、中国古代玩具、中国古代鞋帽等等，这些书籍介绍的，都是人们深感兴趣，平时却无从知晓的内容。

在经济生活的层面，这套丛书安排了中国古代农业、中国古代纺织、中国古代经济、中国古代贸易、中国古代水利、中国古代车马、中国古代赋税等等内容，足以勾勒出古人经济生活的主要内容，让今人得以窥见自己祖先曾经的经济生活情状。

在物质遗存方面，这套丛书则选择了中国古镇、中国古楼、中国古寺、中国古陵墓、中国古塔、中国古战场、中国古村落、中国古街、中国古代宫殿、中国古代城墙、中国古关等内容。相信读罢这些书，喜欢中国古代物质遗存的读者，已经能大致掌握这一领域的大多数知识了。

除了上述内容外，其实还有很多难以归类却饶有兴趣的内容，例如中国古代的乞丐这样的社会史内容，也许有助于我们深入了解这些古代社会底层民众的真实生活情状，走出武侠小说家们加诸他们身上的虚幻不实的丐帮色彩，还原他们的本来面目，加深我们对历史真实的了解。继承和发扬中华民族几千年创造的优秀文化和民族精神是我们责无旁贷的历史责任。

不难看出，单就内容所涵盖的范围广度来说，有物质遗产，有非物质遗产，还有国粹。这套丛书无疑当得起"中国传统文化的百科全书"的美誉了。这套书还邀约了大批相关的专家、教授参与并指导了稿件的编写工作。

应当指出的是，这套书在写作中，既钩稽、爬梳大量古代文化文献典籍，又参照近人与今人的研究成果，将宏观把握与微观考察相结合。在论述、阐释中，既注意重点突出，又着重于论证层次清晰，从多角度、多层面对文化现象与发展加以考察。这套丛书的出版，有助于我们走进古人的世界，了解他们的美好生活，去回望我们来时的路。学史使人明智。历史的回眸，有助于我们汲取古人的智慧，借历史的明灯，照亮未来的路，为我们中华民族的伟大崛起添砖加瓦。

是为序。

傅璇琮

2014年2月8日

前 言

家谱与年谱有着丰厚的文化底蕴，是我国独具特色的文化宝典。同时，也为我们提供了无数珍贵的史料。

历史越千年，家谱与年谱经过了历朝历代的洗礼，终于在二十一世纪的今天呈于世人面前。它们的编撰工作是非常繁杂的，前期要收集大量的资料，好的家谱与年谱必定重视资料的收集，在收集资料的时候要讲求实事求是、广征博采，并按照先易后难的原则收集。鉴于家谱与年谱均有隐恶扬善、避重就轻的特点，家谱是为了光裕后世，而年谱则是因为撰谱者多为谱主的族内亲属或敬慕者，因此，历史上，人们在编撰家谱与年谱之时，自然眼光不能正视，缺少严谨。然而它们的内容多涉及科举文化、地方习俗、地理状貌，以及时政、建筑、桥梁、墓葬、古迹等，并且记载较为详细，这对于后人研究是大有裨益的，因此，我们在查阅之时，要加以考辨。另外，家谱与年谱均有着特定的格式，这也方便了我们的查阅工作。

然而，许多现代人对家谱与年谱存在错误的认识。有些人认为家谱与年谱不过是历史中的糟粕之物，根本没有继承的必要；还有一些人认为家谱与年谱本就是封建思想的产物，不继承也罢，继承岂不是让历史倒退。非也，家谱与年谱的历史作用与现实价值是难估以量的，鉴于一些现代人对家谱与年谱错误的观念认识，本书《中国古代家谱与年谱》的出版，旨在为一些现代人纠正其对于家谱与族谱的错误观念，并说明现代人继承家谱与年谱文化的必要性，以及展现家谱与年谱的博大精深文化内涵。本书语言通俗易懂，内容丰富多彩，结构严谨有序，是了解中国传统文化之家谱与年谱的入门级图书，希望读者在阅读之后能有所获。但由于时间仓促，编辑在编校之时难免疏漏，错误之处还请广大读者朋友们批判指正。

目 录

上篇　家谱

第一章　家谱文化研究综述

第一节　家谱的文化传承 …………………………………… 002
　　家谱的起源 ……………………………………………… 002
　　珍贵的史料 ……………………………………………… 008
　　古老家谱的新生力量 …………………………………… 019

第二节　昭穆有序：家族的源流 …………………………… 026
　　姓氏来源 ………………………………………………… 026
　　世系考 …………………………………………………… 027
　　世系表 …………………………………………………… 030
　　字　辈 …………………………………………………… 031

第三节　家谱的修纂工作 …………………………………… 035
　　修谱概述 ………………………………………………… 035
　　记录与整理 ……………………………………………… 041

家谱的内容 ·· 046

家谱的格式 ·· 048

纂修、捐资人名 ·· 073

续　谱 ·· 075

避讳与谱禁 ·· 076

面临的挑战 ·· 080

第二章　形形色色的家谱

第一节　家谱的一般分类 ·· 084

概　述 ·· 084

玉　牒 ·· 088

统　谱 ·· 097

宗　谱 ·· 097

支谱与房谱 ·· 099

第二节　少数民族的家谱 ·· 101

概　述 ·· 101

满族家谱 ·· 103

蒙古族家谱 ·· 109

其他民族家谱 ·· 110

第三章　家谱的变迁

第一节　起步期 ·· 114

先秦时期 ·· 114

两汉三国时期 …………………………………………… 117

第二节 发展期 ……………………………………………… 121
魏晋南北朝时期 ………………………………………… 121
隋唐时期 ………………………………………………… 123

第三节 成熟期 ……………………………………………… 131
宋元时期 ………………………………………………… 131
明清时期 ………………………………………………… 137

下篇 年谱

第四章 年谱的文化研究综述

第一节 年谱的文化传承 …………………………………… 144
年谱的起源 ……………………………………………… 144
年谱的发展 ……………………………………………… 146
长盛不衰 ………………………………………………… 148

第二节 年谱的实际应用 …………………………………… 155
史料价值 ………………………………………………… 155
实用效应 ………………………………………………… 166
年谱的工具书 …………………………………………… 180

第三节 年谱的修纂 ………………………………………… 185
研究对象 ………………………………………………… 185

编制体裁 ………………………………………………… 192
　　格　式 …………………………………………………… 198
　　刊行与流传方式 ………………………………………… 203

第五章　形形色色的年谱

第一节　自编类 ……………………………………………… 216
　　概　述 …………………………………………………… 216
　　谱主自订年谱 …………………………………………… 217
　　谱主口述年谱 …………………………………………… 217
　　子孙补订 ………………………………………………… 218

第二节　其他类 ……………………………………………… 220
　　家属所编类 ……………………………………………… 220
　　友生所编类 ……………………………………………… 221
　　后人补编类 ……………………………………………… 222

参考书目 ……………………………………………………… 224

上篇　家谱

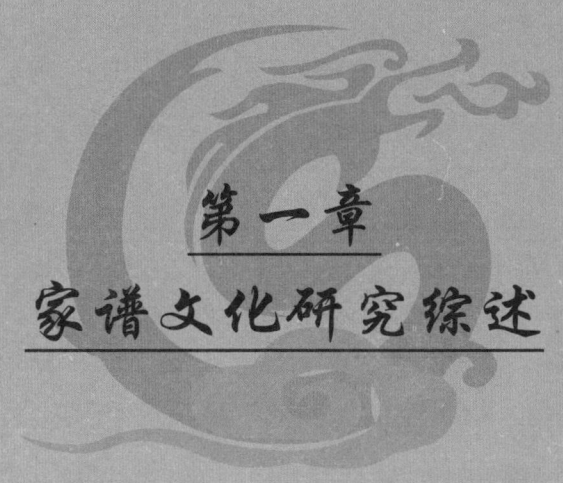

第一章
家谱文化研究综述

　　家谱，与祠堂、祖坟、族产共同构成宗族的实体，换言之，宗族之所以成为宗族，家谱是一个重要组成因素。因此叙述宗族编写家谱活动是我国宗族的一项不可或缺的内容。家谱是我国古代文献的一种重要体裁，更是我国古典文学的一个重要组成部分，而且今日存留的民国以前的家谱数以千计，文献资料之丰富，是我们的一份珍贵的文化遗产。对于研究中国历史，它的史料价值是不容忽视的。历史发展到今天，作为古文献的宗族谱自然失去了它的实用性，但它作为民众的史书永放光彩，所保存的丰富历史资料，可供学术研究利用，是我国宝贵的文化遗产。我们作为华夏儿女，有责任将家谱的文化传承下去。

第一节　家谱的文化传承

■ 家谱的起源

家谱，是一种以表谱的形式记载一个以血缘关系为主链的家族世系繁衍及其重要人物事迹的特殊图书体裁。产生于我国的远古时期，成熟于我国的封建时代。

在我国这片广袤的土地上，散居着大大小小许多的家族，他们有着共同的祖先，血缘关系将这些家族成员紧紧地联系在一起，尽管经过了一场场历史洪流的洗礼，这些家族有了现在的贫富差异，但族人们依然共同安居在这一片土地之上，战争、瘟疫与各种自然灾害也不能将他们分离。许许多多的家族构成了一个社会的基础，氏族是一个大家族，国家是一个最

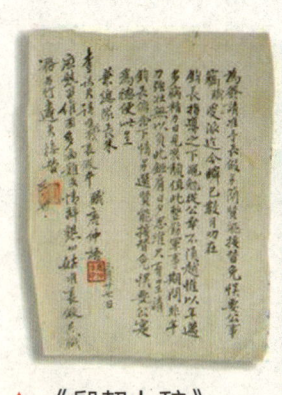

▲《殷契卜辞》

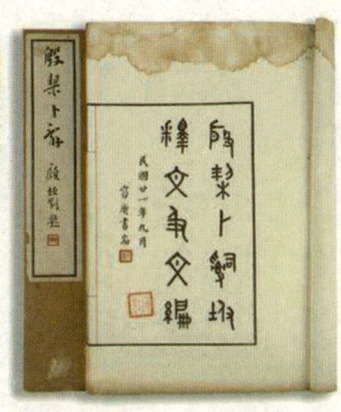

大家族。在我国古代，国王或皇帝就会是这个大家族的总族长，百姓则是这个家族的族人，总族长利用手段维护自己在这个氏族

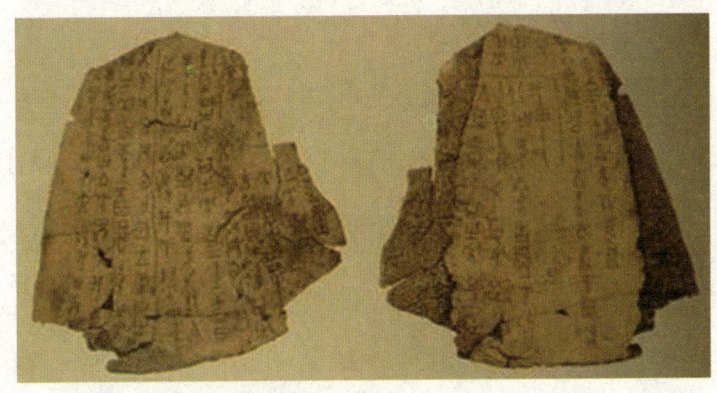

▲《库、方二氏藏甲骨卜辞》

中的统治。为了能使统治得到延续与稳定，权力更替和财产的继承能够平静实现，不致落入外人之手，无论是国家还是各个家庭都十分重视血统的纯净，为此，记录血缘关系和血统世系的谱牒就应运而生。

早在我国奴隶制社会的初期，王室们就有了记录自己世系的谱牒，这就是夏朝王室的家谱。商王室与周王室也都有自己的家谱，经后人的整理，遂编成《帝系》《世本》《五帝德》《五帝系牒》等通代谱牒。周代的贵族喜欢在鼎等礼器上铭刻自己家族的世系。在铭文中，作为后代子孙对祖先的善行当然会大加称赞，对其恶行，则隐而不表。这一原则就是《礼记·祭统》中讲的"称美而不称恶"。后世的家谱修纂继承了这一原则。汉代著名史学家司马迁在创作不朽的史学著作《史记》之时，就曾参照并仔细研读过这些史料，写成了《夏本纪》《殷本纪》《周本纪》《楚世家》《五帝本纪》《三代世表》，完整、系统而不失具体地记录了黄帝、颛顼、帝喾、尧、舜五帝的世系和夏、商、周三代王室及楚王室由始祖而下的本支历代世系。司马迁还根据春秋时期各国国君的家谱，写成了《十二诸侯年表》。但是，那些原

始的家谱文献因为年代久远而早已失传。

据相关学者研究发现，在已经发现的甲骨文中还保留着世界上最原始、最古老的实物家谱，有三件甲骨片可以确认为是最古老的家谱：一件最早见于容庚等编的《殷契卜辞》中；一件最先收录于《库、方二氏藏甲骨卜辞》中；一件最初见于董作宾的《殷虚文字乙编》。第一、第三件记载的文字不多，价值也相对较差，第二件今藏于大英博物馆，是一大片牛肩胛骨，其上所载为一极为完整、典型的商贾家族世系。全片共有13短行，每行为一句，除第一行是5字外，其余12行均为4字，行间无直线。

陈梦家先生在其《殷虚卜辞综述》一书中释文为"儿先祖曰吹，吹子曰戈天，戈天子曰上言下六，上言下六子曰雀，雀子曰壹，壹弟曰启，壹子曰丧，丧子曰养，养子曰洪，洪子曰御，御弟曰矢，御子曰尹欠，尹欠子曰闭"。并将这件甲骨片定为武丁时代所刻，武丁是商代第10世23任国王，距今大约有3200余年。这件家谱一共记录了13个人名，其中，11人为父子关系，二人为兄弟关系。也就是说，这件家谱共记录了这个家族11代的世系。通过这件家谱实物，我们可以这么认为，远在3000多年前的商代，我国就已

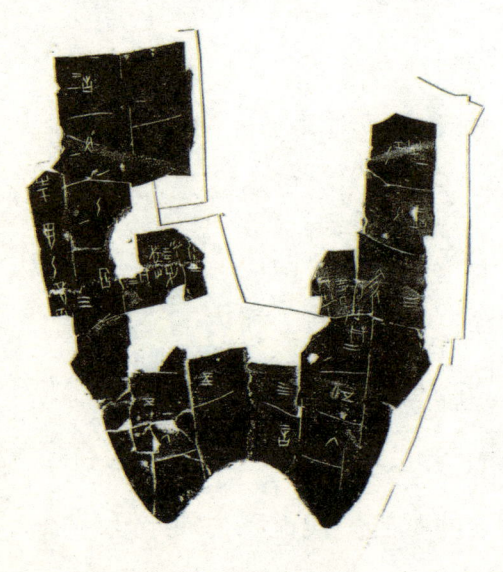

▲《殷虚文字乙编》

有了以表格形式记录家族世系人物的家谱了。此外，这三件实物资料上的人名，均不见于商代先公先王谱系之中，显然，它们都不属于商代王室成员。由此又可以得出这样一个结论，早在3200多年之前，不仅王室，就是其他的一些显贵家族，也已有了本家族文字记载的家谱了。"库1506"家谱共有11代世系，以每一代世系30年计，这个家族有家谱的历史又可上推300余年，这件家谱年代之早，不仅在中国，而且在世界历史上也是绝无仅有的。

除了上述三件家谱实物之外，在现存的甲骨文中，还有不少商人求祷或祭祀列祖列宗而形成的祭祀谱。这些祭祀谱，原本是为祭祀用的，它们有的求祷于自己的祖先，有的记载受祭各先祖的名字，有的则排列各先祖的受祭日期，从而形成了一连串的世系。同时，这些祭祀谱上往往还有诸如祈祷用语，祭牲数目，祭祀日期等内容，因而，它们与专门记述家族世系的家谱有所不同，然而，由于它们记载的均为同一家族的世系人物，并逐代排列，有条不紊，则又与家谱性质有些相同。

▲ 商朝青铜戈

由此,我们基本可以得出这样的结论:这些祭祀谱是家谱的初级形式,它所记载的家族世系资料,为专门家谱的撰修提供了可靠的资料保证,从某种意义上,也可以说商代的这些祭祀谱,是一种原始形态的家谱,它的产生年代可能要略早于专门记述家族历代父子世系的家谱。

在现存商朝末年的青铜器中,也有几件是专门记载商人家族世系的家谱,比如现收藏于辽宁省博物馆的三件同时出土于易州(今河北易县)的青铜戈,有关它们的铭文内容,学术界尚有不同看法,但认为其记载的是同一家族世系的家谱却是认可的。并且有学者认为,此三件铜戈的铭文记载了同一个家族六到八代的谱系。

此外,在罗振玉《三代吉金文存》中还著录了一件被称作"祖丁"的青铜戈,其上铭文虽然只有"祖丁祖己祖乙"六字,但从商人多用干支命名的特点来看,这件戈铭自然也就成了一件记载一个家族三代祖先名字的家谱了。

1976年,陕西扶风出土了微氏家族的墙盘。上面清楚地记录了从周文王到周穆王六代周天子的世系。国家也设立专职官员,负责全国贵族家谱的记载和管理。《周礼》一书中记载礼官小史的职责就是:"掌邦国之志,奠系世,辨昭穆。"意思是记录帝王的世系传承和关系亲疏。太史和内史则掌管诸侯、卿大夫的谱系资料。而各诸侯国也都

▲ 微氏家族的墙盘

设立官员，管理本国国王的谱系资料。例如，战国时期，我国的伟大爱国主义诗人屈原官居三闾大夫，其主要职责就是掌管楚国昭、景、屈三族的三姓事务，编制三姓的家谱。

周代铸记家族世系于鼎彝之风盛行一时，在发现的周代青铜器中，由于各种器物铸造时代的先后顺序与家族地位

▲ 对罍

的高低有所不同，其铭文所记载的家族世系代数与功勋、庆赏事迹等内容的详略程度也会不一。如"对罍""昌尊"两件器物的铭文中记录了包括制器者在内的父子两代的世系，而"祖丁父癸彝""祖丁父己壶"两件器物的铭文则记载了不包括制器者在内的祖父两代世系。在现存的周代青铜器中记载家族世系最多的当属1976年陕西扶风县庄白村同窖出土的"钟"与"墙盘"，由于出自同一窖藏，因而被有关学者判断为是内容相联的两件记载周初显贵微氏家族事迹与世系的宗庙祭器，两件器物上所载的铭文共记载了上溯周文王、下迄周穆王的一百多年微氏家族连续七代的世系，这两件器物也是迄今为止我国发现的记录家族世系最多的青铜家谱。

甲骨文与金文所记载的世系仅为我国现存最早的使用文字记载的家谱形式。然而，在人类社会发展史上，文字并非为最早用于记录人类生活的方式，更不是唯一的方式。在文字没有出现以前，我们的祖先在原始社会时期就普遍采用以结绳与口述的形式来记述族内各种大

事，其中自然也就包括了家族世系，这样就形成了两种更为古老、更为原始的家谱形态。这些最原始形态的结绳与口述家谱曾被一些荒蛮的民族一直沿用或保留至近现代，成为民族家谱中两种重要的组成形式，至今仍可从我国某些少数民族中探寻些许痕迹。

■ 珍贵的史料

家谱在我国已经有3000多年的历史了，在这漫长的岁月中，我们的祖先编制了不计其数的家谱，这些家谱，在他们的时代，在他们的社会、政治、经济、文化活动中曾发挥过一定的作用。

从商周时期至汉朝这段时间，证明血统、祭祀祖先、辨明世系是家谱的主要作用，并且，又是权力与财产继承的重要依据。魏晋南北朝时期，家谱在政治、社会生活方面的作用大大增强，其主要作用为证明门第，做官、婚姻嫁娶、社会交往均是以家谱为重要依据，家谱在此期间逐渐成为一种统治阶级的政治工具。隋唐时期，科举为取士的方式，家谱在选官方面的政治作用减弱，但在婚姻等方面的作用却增强。宋朝以后，取士、婚嫁不重门第，各社会阶层成

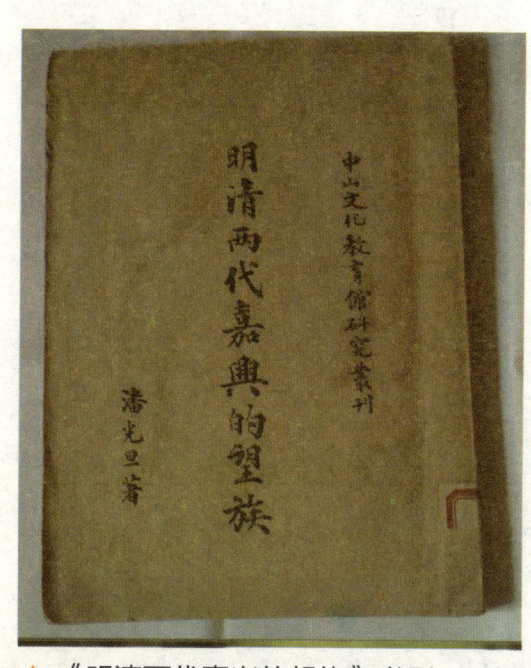

▲《明清两代嘉兴的望族》书影

员的升降变迁非常频繁，家谱的政治作用基本消失。编修家谱成为了家族内部自己的事情，家谱的作用便随之发生了改变。宋元明清时期，家谱的纂修主要作用是记录家族历史，纯洁家族血统，尊祖、睦族，团结、约束家族成员，教育后代，提高本家族在社会中的声望与地位，家谱的教育作用加强，家谱中大量出现家族祖先的善举恩荣与各种家训、家箴，对于宣扬封建伦理，维持社会秩序产生了一定作用。因而，家谱的纂修无论是唐代之前还是宋代以后，通常都会得到朝廷的支持与鼓励。另外，明清时期科举取士，每个地方的中举名额均有定数，一些考生往往冒移籍贯，以期被选拔，为此，经常引起诉讼，家谱此时又会发挥证明作用。清代旗人袭爵、出仕，需要出示家谱作为凭据。

近当代的一些学者中不乏使用家谱资料从事学术研究的。潘光旦从人口婚姻的角度利用家谱资料来研究谱学，撰有《明清两代嘉兴的望族》；罗香林研治民族迁移史与社会发展史使用家谱资料，著有《中古族谱研究》专著。当然，家谱资料并不限于人口史与民族史，它在史学领域学术价值是多方面的。

作为一种珍贵的历史文献，对于我们了解历史有着重要的作用。对于家谱对现今的作用，本书总结出以下几点：

1. 人口史

人口统计、出生率、死亡率、增长率、人口寿命、年龄结构、就业与职业、教育与文化、移民与融合、婚姻与生育等方面，家谱能够提供一些素材，可以用做研究数据，对于人口史研究，具有重要的史

料价值。因为家族世系及人物传记,交代了性别、寿数、配偶、生育、功名、官阶,是人口学所需要的具体素材。

家谱中的世系是家谱中的基本内容,对于家族人员的出生和死亡,均有详细而可信的记载。家谱可以让我们了解到本家族各个阶段的人口数量、人口的社会构成、人口的增减速度与其原因、文化情况、人口结构、职业、婚姻状况、寿数等。比如从清代玉牒中,我们可以统计出这么一个数字,清朝的历代皇帝共有103个皇子(不包括皇帝在内),82个皇女。他们的平均寿命状况却并不乐观,皇子为32岁、皇女为26岁,大部分皇嗣死于5岁前。如康熙帝膝下有35个皇子、20个皇女,5岁前死亡的皇子就有12人、皇女有10人;活到18岁以上的皇子仅有20人、皇女仅有8人。其余的皇嗣也大部分死于40岁左右。皇家的卫生条件与生活条件要比民间优越得多,但还有这么高的死亡率,尤其

▲ 康熙帝画像

皇族女子死亡率比男子高，平均寿命比男子短，这种现象非常值得研究的。这类史料，除了家谱，是无法从其他方面获得的。

2.历史人物

家谱对于历史人物的研究，具有相当权威的史料价值。这里说的历史人物指有过某种影响且为学者所瞩目的人，这类人在史书、方志、文集里往往有传记，但资料不一定全面具体，而家族的世系、履历、传记，可以提供他的家世和本人的某些资料。

众所周知，查考历史人物，主要是通过研究正史中的传记，古代的文集、笔记与方志等。一些不太有名的人物，在这些资料中是很难找到的，如果有也是寥寥几笔。即使是一些著名人物，有时也存在此类问题，很难满足人们对于历史人物研究的需求。

家谱就能解决这个问题。通过家谱，我们不仅可以知道我们所要了解的历史人物本身的情况，还可以了解他的世系，即祖先情况与子女情况。近些年来，学者们研究的目光逐步投射到家谱，利用家谱提供的史料，纠正了过去历史人物研究中的很多疑点。如有人利用《五庆堂重修辽东曹氏宗谱》，考证出曹雪芹的祖籍为辽阳，后又迁居沈阳，不是通常我们认为的河北丰润。曹雪芹的祖上原为明朝的军官，后来在战争中投降了满人，开始隶属于汉军旗，后改为满洲正白旗，家谱提供的史料，使得红学研究中几大疑问之一的曹雪芹的祖籍与旗籍问题得以解决。

又有学者通过泉州《林李宗谱》考证出明代思想家李贽原姓林，名载贽，他父、祖均信奉伊斯兰教，本人也有阿拉伯或者波斯血统。

在江苏苏州发现的《甲山北湾孙氏宗谱》，对于进一步辨明孙子的身世、姓名及与孙膑的关系，具有极为重要的参考价值。过去通常认为，孙子名武，字长卿，为田完八世孙，但谱载孙子名开，

▲ 曹雪芹雕塑

字子疆，是田完六世孙。谱中还载孙膑为孙子曾孙，其世系为开（孙子）生明，明生汧，汧生膑，与史学界所说孙膑为孙子之孙的说法相悖，孙子与孙膑的活动时代相距140余年，以往也有学者怀疑三代中似有缺代，但未有证据，此宗谱的发现使得这些疑云最终散去。

家谱的特点是记录家族人物，在世系录中于每人之下均注明属于

▲ 孙子画像

何支、何房、名、字、号、行第、生卒年月日时、享年、妻室、子女、墓地，尤其对功名、官阶等内容记载较为详细，艺文中还收录了有关传记、行状、墓志等重要资料。在这些资料中，尽管会有溢美之辞，但大部分内容是可靠的。

3. 小人物史与下层社会史

小人物的历史通常是被正

史所忽视的，方志、文集、杂史也难有笔墨记载，唯有家谱，不仅有其世系、履历，有的还有传记，是研究民众史与下层社会难得的珍贵史料。因此在家谱里商人、小业主是如何起家的，读书而未能取得功名的人是如何穷困潦倒和改为务农经商的，孝子顺孙怎样恪守孝道的，这些资料都是研究者非常渴求的。

▲ 孙膑画像

4. 妇女史

方志、正史里的烈女传的女性，无论是传主数量、情节内容，都无法与家谱资料相比。家谱要记录配偶，原配、续弦、有子之妾，对贞女、节妇、烈妇、孝妇要作传记，从而保存了较为丰富的古代女性生活史素材。

5. 宗族史

家谱为封建时代宗族制度的研究提供了最为丰富的资料。宗族制度是封建宗法关系的重要组成部分，是封建统治的基础，也是中国传统文化的一个重要内容。家谱中对于封建宗族制度的介绍和体现是非常全面的。族望与地望的紧密结合，宗族与地方的紧密联结是宗族的一大特点。记载宗族史的谱牒，必然要交代宗族与地望的关系，家谱名称前面某某州郡县乡的名字就体现了这一点。宗族史是地方史的一个重要组成部分，编纂地方史、地方志时自然会将宗族史考虑进去。

家谱中记载了宗族的结构，祠堂的结构、职能，祠产的形成、类型、数量、经营方式与用途等。家谱中的族约、家训、家箴、宗规是用封建的伦理道德来约束族人的。祠规、家礼规范了各种祭祀、婚丧礼仪。封建的神权、族权与夫权在家谱中都有明显的体现，这些资料的集中度是其他类型文献所没有的。

6. 移民史

每一部家谱都要记录族源与迁移情况，本家族由何处而来，迁居原因，经何处而定居此地等等，均须交待清楚。另外，家族定居后的一些支房的迁出，迁移的原因、数量、迁居何处、移民生活、移民与当地土著的关系、迁居与本房的关系等，都有记载。比如，对浙江的畲族宗谱进行考察，能了解到如今居住在浙江的畲族同胞均是明初之后方才迁移过去的，明初以前浙江无畲族。近些年来，在海外华侨与港、澳、台同胞中，掀起了一股寻根的浪潮。当

年，他们的祖先因为各种原因背井离乡，在异国他乡定居，然后娶妻生子，繁衍后代，可他们的根基还在祖国大陆，遇到机会他们就会归乡认宗。1988年，菲律宾前总统科拉松·阿基诺在访华的期间，就曾专程去其曾祖父许玉宋的故乡福建省龙海县鸿渐村认祖。随着海峡两岸交往的增多，大批台湾同胞也回大陆探亲寻根。台湾的早期移民，大多是从广东、福建、陕西去的，以福建最多。一些学者对福建省的家谱资料进行研究时，了解到福建移居台湾的最早记载是两宋之交的苏姓。

7. 民族史与边疆史

通常而言，古代少数民族与边疆地区文化较为后进，文献较少，边疆地区少数民族家谱在一定程度上能够弥补民族史与边疆史资料不足的缺憾。如1939年罗香林在昆明阅读李士厚所撰《郑和家谱考释》，进一步证实郑和先世是回教徒的事实，将此见解写在《中国民族史》第七讲《对外交通的发展》中。

8. 其他方面

另外，家族还表现了一个时期中战争对民间、社会的影响。家谱一般述及战乱的破坏性恶果及影响，如族人死难、族谱焚毁，而丧乱时期，人们更加珍视宗族这一群体，致力恢复宗族活动与续修谱牒。河北沧州刘氏于光绪九年（1883年）编修家谱，回忆明清时期家族所遭遇的不幸，"崇祯末年刘氏家庙、家谱、一切住居房屋均遭回禄""国朝定鼎之初，所有地亩尽被旗圈所占，一败涂地，至于此极，数世而后，虽有志欲继修家谱者奈财力不及未能遂愿，又兼文献不足遂绝笔焉"，直至乾隆四十六年（1781年）才修成家谱。"圈地"，是清初与"剃发""易衣冠""迁海""投充"等构成五大弊政之一的恶政，至清末才敢书写出来。广东惠来洪氏系明代由福建漳州迁入，其康熙三十三年（1694年）谱序讲述明清之际的族人遭遇：家谱遭兵燹而遗失，康熙八年（1669年），"蒙皇恩展界，随移居沙墩乡"。清初的迁海令，造成闽粤沿海居民的流离失所，是一大灾难。后来取消迁海令，居民才恢复安定的生活，洪氏谱序的"蒙皇恩展界"，道出了迁海令下人民的灾难。

再如家谱资料对社会变化与时局的反映。宣统元年（1909年）山东黄县王氏族谱的王常翰谱序，运用古之未有的"伦理学""进化论"的概念讲述家族人际关系，家族与国家的关系——"君臣、朋友、国家，以家族为起源，社会以家族而肇始。礼以亲族为本，法以亲族为规，研究伦理学者，必先自五等亲始，职是故也……由亲等而家族，由家族而种族，竞争提携，由近及远，进化之公例也。"光绪三十四年（1908年）浮梁（今江西景德镇）人刘燮材在《光绪戊申续修族谱序》中将生物学知识运用于社会学，论述人群及人群之三类划分，即"地合之群划以疆域，人合之群萃以流品，天合之群统以派系"。

天合之群就是宗族,而宗族之合,又是靠宗法来维系的。进而述及戊戌变法及后来的新政:"窃谓朝廷变法图治,月异日新……废科举而起学堂,若农若工若商若军若医,悉与士人纳入辟雍之域,人群美备,度越前古。近复诏各府厅州县,举行地方自治。……今当举行地方自治之日,而吾谱适告成功,然则吾今日对于此谱,则又不目为告朔之饩羊而直目为导涂之老马可也。"他希望在地方自治之中,宗族的天合之群可以得到振兴与发展。家谱的这些价值,总的来说,是为描绘我国历史全貌提供丰富而不可或缺的史料。

然而,家谱资料对上述学术领域有价值,同样对经济史、战争史、宗教史、政治史、灾害史、学术史、中外关系史、民族学、民俗学、人口学、优生学、社会学以及一些特殊历史问题也有资料意义,所以对家谱的研究,也是史学同其他社会科学的研究的结合点,也是人文

▲ 戊戌变法运动

学科与社会科学、自然科学、工程科学研究的结合点，成功地利用家谱材料将有助于人文及社会科学的发展，意义莫大焉。这里，不再赘述。

实际上，家谱的价值，古人就已给予了很高的重视，南北朝时期裴松之注《三国志》、魏收著《魏书》、刘孝标注《世说新语》，宋代欧阳修撰《新唐书》，均曾大量地使用了家谱资料。宋人郑樵、清人章学诚、近人易熙吾等也都曾对家谱的价值作过介绍与评价。

谱牒有这么多的学术价值，然而，在利用它时需要小心谨慎，因为家谱记事存在失实的地方。尤其在先人功名、宦迹、婚姻等方面，有些内容甚至妄相假托、刻意捏造，对于这部分内容我们在使用中要注意鉴别，切莫盲从。

主要在两个方面：一是族源不实，冒认祖先、攀龙附凤，希望借以抬高宗族地位。这在官修时代，严格审查、民间监督，也时有发生。及至宋代以后的私修为主时期，政府不核实，私人之间不可能监督，冒伪的现象更加严重，并且不能纠正。二是刻意避开本族不光彩的事情。绝大多数谱牒的作者抱着隐恶扬善、为尊者讳的态度，将先人的劣迹隐去。此外，因过失严重而被削谱逐宗的人不予上谱，如此一来，

▲ 梁启超像

就令宗族资料不能完善。

对家谱的这些缺陷，研究者不能不充分留意，否则写出的著作就失去了意义。然而也不必因此而全盘否定谱书的学术资料价值，这样是绝不可取的。其实家谱的失真主要体现在这两个方面，其他方面的内容基本上是真实的，可鉴别利用。

谱牒作为学术资料价值的光彩不因有误失而黯然失色，依然是梁启超所说的"瑰宝"，关键还是在于研究者如何正确地对待它和有效地使用它。如五世内的世系、宗规、家训、祠堂、人口、艺文等方面的内容，一般还是可信的。另外，我们在使用家谱资料时还须注意家谱的几修，所用资料是照录原谱还是新近续编的，对于不同时代的资料要区别使用，这也有助于提高资料本身的价值。综上所述，家谱具有很高的史料价值，但同时也存在一些不实的内容，因此在使用家谱时，一定要注意去伪存真。

■ 古老家谱的新生力量

《周易》有言：有天地然后有万物，有万物然后有男女，有男女然后有夫妇，有夫妇然后有父子，有父子然后有君臣，有君臣然后有上下，有上下然后礼仪有所错。只要人类存在的地方，就会有种族传承，就会有世系。

在美国，有13位总统有爱尔兰血统，其中包括罗斯福、肯尼迪、尼克松、克林顿等。而爱尔兰裔美国人大约有3700万人，在美国人口中占据10%。如今，外国也有很多家谱网站。例如，奥巴马的爱尔兰血统就是由英国的家谱网站发现的。1850年,爱尔兰面临着严重的土豆大饥荒。这一年,一个叫法尔蒙斯·基尔尼的爱尔兰青年与姐姐、姐夫一起逃到美国俄亥俄州,接收了亲戚的房产。后来,他结婚并生育了10个儿女。奥巴马的母亲安·杜汉是基尔尼的后代。因此,法尔蒙斯·基尔尼是奥巴马的五世外祖父,奥巴马的父亲是肯尼亚人。2011年5月,奥巴马前往爱尔兰中部奥法利郡的小镇莫尼高尔寻根。

正所谓"野火烧不尽,春风吹又生",家谱之风在现代化的中国依然存在。改革开放以后,家谱的编纂现象在城乡之中重新复燃,各地续修家谱的热情都很高。从2010年6月续修的《睢宁古邳镇新修李氏族谱》和2006年修纂的《淮阴岳氏宗谱》等可以看出,新续族谱在编纂主体、筹款方式、上谱理念、存放方式等方面,均有不少改进。

海外侨胞尽管身处异乡,但他们与祖国的文化血缘和血脉亲情并未割断。在海外侨胞寻根方面,家谱可以发挥桥梁和纽带作用。

1920年10月,湖州荻港人章祖申被任命为中华民国驻瑞典兼挪威的大使,来到瑞典首都斯德哥尔摩。他的儿子章宗琦随他一起赴任。后来,章祖申因病回到国内,在北京广济寺出家为僧。章宗琦被留在了瑞典友人家中。随后,他与一位瑞典女子结婚,生下了一子、二女,儿子取名为罗伯

▲ 章祖申像

特·章。章宗琦去世后，章太太改嫁给瑞典亲王斯格瓦德·贝纳多特。罗伯特·章也成了亲王的继子，享受瑞典王室的待遇。

在罗伯特·章的心里也一直想要寻根，并希望中国驻瑞典大使馆能够帮助他。尽管瑞典和中国远隔千山万水，可是热情的中国人还是千方百计地帮助他。后来，在荻港一个老人的家里发现了一部《章氏家谱》。在家谱上面，人们找到了罗伯特·章的祖父章祖申和父亲章宗琦的名字。得知这一喜讯，瑞典王子非常高兴，于是就携夫人飞往中国寻根拜祖。临行前，他从父亲的坟前捧一沃土，又把自己与儿子的几根头发包在一起，打算带回中国。

1998年4月，瑞典王子罗伯特·章终于到达了浙江省湖州市南浔区和孚镇荻港村，受到了当地人的热情欢迎。他抚摸着已经发黄的家

▲ 2005年回湘潭祭祖的宋楚瑜

谱,从其中的世系表上面找到了祖父和父亲的名字。随后,他又来到祖父的坟头,把从瑞典带回来的土、头发埋入坟前的土里。家谱的主人就把《章氏家谱》送给了远道而来的瑞典客人。这就是家谱在外交中发挥的重要作用。

目前在台湾地区,居住着很多大陆移民的后裔。就拿高山族来说,他们是大陆东南沿海古代百越族的后裔。台湾早期移民大多是从福建移居入台的。研究家谱,可以了解他们的来源地、人口繁衍、分布特点,有利于加强海峡两岸的联系,抵制"台独"浊流。

台湾同胞与大陆有着割舍不断的文化与血缘关系。在沟通海峡两岸促进祖国统一方面,家谱可以起到促进文化交流、增强政治互信的作用。

2005年10月,马崎连氏组织人员开始续修家谱。2006年4月,《马崎连氏族谱》续修完毕。族谱以宋代名臣连南夫为鼻祖,收入了连战家族在台湾的"台南马兵营连氏世系图",并付梓出版。在族谱中,明确说明了连兴位是马崎连氏第十世,而连战则是第十八世。2006年4月,连战回福建祭祖,并受到连氏宗亲的热情接待。2009年4月,他还曾到连氏开宗发祥地山西省襄垣县古韩镇南丰沟村祭拜连氏先祖。祭祖仪式结束后，连战欣然写下了"洪维祖宗遗德，高据云天一隅"的题词，赠予上党连氏宗祠。

中国台湾地区亲民党主席宋楚瑜曾经于2005年、2009年两次回到祖籍湖南湘潭。在他回到祖籍湖南湘潭射埠镇巨鱼村时，他的远房堂兄弟宋国林拿出了自己收藏多年的《湘潭昭山宋氏石潭房七修族谱》。在族谱上，宋楚瑜的曾祖父、祖父、父亲和母亲的名字都历历在目。这是宋氏族人于1941年续修的族谱。由于当时宋楚瑜尚未出生，所以族谱上并没有他的名字。宋氏族人表示下次重修时会将宋楚瑜和他的家人列入族谱。

宋楚瑜提出了"炎黄子孙不忘本，海峡两岸一家亲"的箴言，反映了海峡两岸血浓于水的亲情。2005年5月，时任中共中央总书记的胡锦涛在宴请宋楚瑜时，赠予他一部《湘潭昭山宋氏石潭房七修族谱》。宋楚瑜表示，这是最好的礼物。

连战的祖先辈原来居住在山西的上党。开基祖连佛保来到连战祖籍地福建省漳州龙海市马崎村，在此开枝散叶。清康熙年间，连兴位从

▲ 连战夫妇在漳州祭祖

▲ 连战夫妇参加黄帝故里祭祖大典

马崎漂洋过海来到台湾,成为马崎连氏台湾一支的开基祖。连战就是连兴位的九世孙。

连战的祖父连横曾经自述自己的家谱:"余姓连氏,名允斌,字雅堂,号慕陶,乳名重送,行四;系出连山氏,望出上党,先世有居于福建省漳州府龙溪县万松关马崎社二十七都,至大清康熙年间来台,居于台湾府城内凌南坊马兵营境。"连横生前一直想回祖籍,但一直未能成行。

穿越历史的风雨,家谱迎来了今天的新生。在未来,家谱不仅可以继续发挥文献价值,而且可以发挥寻根旅游、民族认同和对外交流等方面的作用。

知识链接

验　谱

　　家谱的保存是一件非常重要的事情。如同治版《五牧刘氏族谱》规定,要妥善保管家谱,不得外借与人或轻易示人,以免外姓乱宗。在古代,为了警醒族人妥善保存家谱,族长会定期组织验谱活动。在验谱之时,

各家要携带自家收藏的家谱按时到场，族长带领全族人来检查各家的保存情况。如果某家保存的家谱污损，或者被虫蛀，均会受到处罚。如果某家拿不出家谱，族众就会怀疑他家把家谱出卖给异姓，受到的处罚就会更加严重。例如，对于家谱保存不当、售卖等行为，江西宜黄的棠阴罗氏就会予以罚银、除名等重罚，甚至送官法办。

第二节　昭穆有序：家族的源流

■ 姓氏来源

《礼记·祭统》说：祭祀要讲究昭穆。《礼记·中庸》也说：宗庙的礼仪，就是要弄清楚昭穆。所谓昭穆，就是要区分父子、远近、长幼与亲疏的顺序，而不至于出现混乱。在家谱中，就表现在梳理家族来源上。这是家谱的最重要的组成部分，主要介绍本族的来源，包括姓氏来源、世系考、世系表、字辈等部分，这是家谱的尊族、敬宗、收族三大功能得以落实的根本保证。

本族的姓氏的来源一般就是介绍本族的来龙去脉，但是，由于对始迁祖之前的

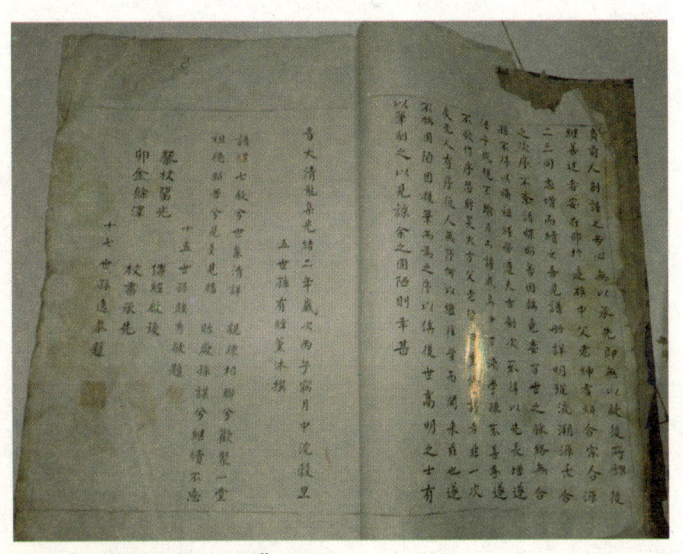
▲《合阳刘氏族谱》书影

家族情况的考证，往往习惯上会追溯到黄帝，并且会千方百计与历史名人攀上关系。尽管这样做影响了家史的真实性，但是也从侧面说明了人们对中华民族始祖黄帝的尊崇。

在《合阳刘氏族谱》中，刘上位与刘永济分别考辨了本族的姓氏源流。刘上位言道："族以言合，氏以言分。不合无以敦一本之谊，不分无以别亲疏。"刘上位在此谱中表明：孔文公、孔章公是同母兄弟，孔文公为兄，孔章公为弟。孔文公生了禄公兄弟。孔章公生了荣、华二公。荣公生了子政、子章两个兄弟，他们的后代居住在田头这个地方。华公生了子财、子端二公，他们的子孙中，一支留在本地，一支迁居衡。贵禄公的孙子为应祖、应宗二公。应祖公迁居邵阳，应宗公生了壬八一郎、壬八二郎两个儿子。其中，壬八一郎迁居马江，到了八世孙德铨又迁居桂阳。壬八二郎的子孙后代均留在当地居住。

刘永济也有相关阐述："我刘氏族人的祖先原来居住在豫章的太和，后来迁到了祁。到了贵禄公的孙子应祖、应宗二公，贵荣公的孙子应福、应禄、应通三公，贵华公的孙子应聪、应潮、应荣、应和、应德、应瑞六公，一支迁于邵阳，一支迁于衡，一支留在故土。因此，邵阳、衡、祁三地是同一祖先的后代。"

■ 世系考

世系考详细记载了族中所有成员，从第一世到修谱时的最后一代的姓名、字、号、生卒年月日、行次和子女等，记载本族成员的简况、名、讳、排行、字、号、生卒年月日和寿数等。有的也记载本族支系的历史渊源与迁徙情况。这部分是整个家谱中最重要的,也是所占篇幅最多的一部分。

1. 始迁祖之后的世系

在《光绪谱序》中,文价臣就对桃源文氏的来龙去脉做了考证。桃源文氏的始祖是必达公,从江西迁居湖南桃源的马鞍坡。他有四子,长子为大本公,次子为大用公,三子为大政公,四子为大任公。其中,大本公、大用公与大政公居住在牧塘坪,大任公迁至大安村。长子大本公的独子成为长房,后世仍为长房,又称南大房。大用公生三子,长子为汉公,次子为湘公,三子为洪公。汉公与湘公的情况及后代均不可考。洪公生了两子,长子贵公,次子储公。贵公就是今天东分的始祖,而储公则为今天西分的始祖。因此,二房自第四代起分为两房。大政公生了两子,长子淳公,次子澍公。淳公的后裔被称作中分,而澍公的后裔被称作官分。因此,三房也从第四代分为两房。在同治年间续谱时,因考虑到族大支繁,担心没有统纪,所以桃源文氏就从四世祖开始分为东、南、西、北、中五大房。其中,南大房为长房,其余依次是东二房、西三房、中四房与北五房。至

▲ 黄帝画像

此，桃源文氏五大支的来历都考辨清晰了。

在《黄县太原王氏族谱》中，王文龙追溯了从五世孙王祯到王廷孚，再到王文龙的支派繁衍。《定阳张氏族谱》收录了从始迁祖到十一世孙的族人。始迁祖张颐从陇西迁到山西介休西关，其子张进禄迁居城中，有张奇士和张奇秀二子。张奇士有张龙渊、张龙瀛、张龙洲三子，张奇秀生了张龙深。之后，张氏家族逐渐发展成为当地的望族。

总而言之，对于始迁祖之后的世系传承，后世族人在修谱之时大多会在谱序中进行详细的考辨，同时，也会在世系表中进行详细记录。

2. 追溯到黄帝的世系考辨

光绪癸卯年（1903年），在李魁元、李同镜编纂的衍庆堂《李氏宗谱》中，追溯了李氏的世系。黄帝的第五子清阳娶了皇娥。夫妻二人居住在河边，皇娥看见了天上流星而孕，后来诞下一子，名曰少昊。少昊娶女修为妻，生下大业。大业有子皋陶。在尧治理天下之时，皋陶被任命为管理刑狱的大理。相传他有一个名叫獬豸的灵兽，能辨忠奸。在判案时，獬豸会用角去触有罪的人。后世的人把它尊为司法鼻祖和狱神。其后，皋陶的后裔连续几代都做了大理。到了商纣王统治天下的时候，理征担任大理，因为直谏而被杀害。他的儿子利贞在逃难之时，用李树上的果子来充饥，因此，他就改"理"为"李"。742年，唐玄宗曾追封皋陶为"德明皇帝"。

如果其他姓氏往上追溯，也一定能追溯到黄帝。例如，如果是王氏，就要从太子晋再往上追溯；如果是张氏，会从受姓始祖挥公追溯到黄帝；相传，刘累是历史中记载的第一个姓刘的人。因此，刘氏家族会从刘累上溯至黄帝。其他家族往往也会进行类似的追溯。

■ 世系表

世系表用图表的表现形式反映了家族内部的世代、传承等关系。有的地方会把世系表画在神轴之上，每逢年节之时，便会隆重地祭祀。如今，山东高密的李氏家族，仍保有这一习惯。

1. 从黄帝到始迁祖的世系表

在修纂家谱之时，一些家族会把从黄帝到本族始迁祖的世系加以追溯。例如，前述衍庆堂《李氏宗谱》就总结了从一世祖利贞到六十五代祖李道的世系。由于唐代之前的家谱大都已经散佚，因而，这种追溯往往无从考证。

2. 始迁祖之后的世系表

在《黄县太原王氏族谱》中，从卷三至卷七均为世系表。这五卷记录了王氏始祖到二十二世孙的传承状况。从谱中就可发现，王氏始祖来自于今天的河北沧州。之后王氏兄弟二人便来到黄县。不久，老大回到沧州，老二就留居黄县。但由于时代久远，王氏始祖的名讳已经无法查考。王氏二世祖名叫王敬礼。王敬礼有二子，长子王胜，次子王通。相传王通去了京城，因此，黄县并没有他的后裔。王胜与王通就是王氏族人的三世祖。王胜有四子，长子王友，次子王信，三子王忠，四子王诚。黄县王氏的友、信、忠、诚四大支族由此而来。其中，王友一支为长支，王信、王忠、王诚依次为二支、三支、四支。黄县王氏世系从此开始枝繁叶茂，子孙繁盛。在记录王氏子孙时，不论富贵贫贱、社会地位如何，家谱均一视同仁，予以入谱。

在《黄县太原王氏族谱》的世系表中，不仅有王氏族人的姓名，而且还记录了王氏媳妇的姓氏。如，二世祖王敬礼的李氏、张氏、郑氏均记录在谱。另外，家谱还在世系表中记录了王氏始祖的坟茔所在。对于王氏族人的忠孝节义等嘉言懿行，世系表中也分别作传以示表彰。例如，王友的夫人姜氏在其夫去世后，年方二十，立志守节，抚养王祯、王裕二子，王氏族人对此特别作传予以表彰。

▲ 赵匡胤画像

总而言之，世系表记录了家族的世系传承，是家谱尊族敬宗、亲睦族人的重要体现。在家谱编纂的过程中，这一部分往往是被重点看待的。

■ 字　辈

字辈，是专门登载族内姓名排行的字语，起源于宋代。字辈一般选择具有美好寓意的文字，在排列时有四言、五言或七言，句子长短不一。字辈长则五六十字，短则十余字。相传，宋太祖赵匡胤曾经

▲ 孔子画像

给赵家立了十四个"范字"——"匡德惟从,世令子伯,师希与孟,由宜",共十四个字。在家谱中,"字派""班次""班辈""班行"等都是字辈的同义词。记载字辈,主要是给族人取名使用,目的是了解尊卑和亲疏。

明代之前,孔子后裔取名并未严格讲究。自第四十五代起,孔子后裔在取名时通常遵循一原则,即同辈人多采用同一偏旁或同一字。明朝初年,明太祖朱元璋赐给孔家10个字,作为字辈使用。此后,自第五十六代起,孔氏族人必须按照字辈来进行。明朝崇祯年间和清朝同治年间皇帝又先后赐给孔家20个字作为字辈。1919年,七十六代衍圣公孔令贻报请中华民国内务部备案,续立20个字作为孔门字辈。至此,孔门字辈总计50个字,依次为"希言公彦承,弘(宏)闻贞尚胤(衍),兴毓传继广,昭宪庆繁祥,令德维垂佑,钦绍念显扬,建道敦安定,懋修肇彝常,裕文焕景瑞,永锡世绪昌"。这些字辈可供孔氏家族从第五十六代到第一百零五代子孙使用。在古代,孔子后裔可享受封赐食邑、绢帛,免除徭役等优待,因此,非孔子后裔的孔氏则不能使用这些字辈。在历史上,孔子、颜子、曾子、孟子被人们称为"四大圣贤",因此孔、颜、曾、孟四家的字辈是相同的。

乾隆帝赐岳飞后裔32个字作为字辈，即"重开奇秀，永佐朝邦，崇修喜彩，宗耀（跃）远光，英贤辅弼，金玉其相，武穆家风，山高水长"。自第二十二代起，岳飞后裔便使用此字辈至今。

为了阐述班辈的重要性，合阳刘氏在族谱中专门列出了班行序，提出了班辈的使用原则，即以往的名字遵循习俗，不再改动；孩子取名必须按班辈，方便确定尊卑，希望可以实现"孝友之行成于家"的目的。在班行序中，刘氏族谱记述了祁文房原派、祁章房原派、祁衡续派与祁衡再续派的班辈。其中，祁衡再续派的班辈为"中孚观大有，谦巽晋恒升，丰豫咸师益，同人复泰临"，这些字辈均来自《周易》的卦名。

总之，家谱中的字辈的出现是让子孙后代取名之用，使族人铭记长幼尊卑有序，从而教化族人，知礼、明礼。

▲ 岳飞像

知识链接

昭 穆

昭穆，指在宗法制度中对宗庙或墓地的辈次排列规则和次序。按照先秦时期的宗法制度，始祖居中，二世、四世、六世位于始祖的左方，称为"昭";三世、五世、七世位于始祖的右方,称为"穆"。《礼记》中讲,祭祀一事有昭穆安排。设置昭穆,是为了区别父子、远近、长幼、亲疏的次序,使长幼尊卑不至于发生混乱。到了后来,人们也用昭穆来指代宗族关系、长幼尊卑的次序。在本书中,"昭穆"一词与世系、宗支、族派意思大致相同,指的是长幼尊卑的次序、辈分等。

第三节 家谱的修纂工作

■ 修谱概述

司马迁认为，谱牒记录的是家史，而国史则是国家的家谱。不修谱，则昭穆混乱。人不明先祖，便与禽兽无异。张载指出，若要安定人心、移风易俗，就必须明确谱系，并确立宗子法。若宗法不立，那么人们就不会知道自己来自何处、祖先是谁。程颐认为，若要安定天下的人心，改良社会风气，使每个人都有一颗向善之心，就需要辨昭穆、立宗法。苏洵认为，在人生修行方面，最好的便是修养道德，其次为建立功勋，再次是确立可以流传后世的学说。假如一个家族三世不修谱，就和道德低下的小人无异。如果三代不修谱，即为不孝。假如能够世世修谱，就不会有支派紊乱的情况发生了。朱熹认为谱牒可以强化血脉亲情之间的联系，改良社会风气。

家谱的纂修，一般是由家族中最负文名或官阶最高的退休官员主持，或由族长主持，也有极少数聘请族外大儒主持。北宋文学家王安石曾编纂有《许氏世谱》；南宋文学家文天祥也曾给燕氏编过家谱；

20世纪40年代末所修编的《武岭蒋氏宗谱》，即是延聘国民党元老吴稚晖主持纂修工作。

修谱之前一般都要成立一个临时性的机构，选出修谱各方面的工作人员，然后向全家族包括已经迁居他乡者发布榜文，请求尽快将近期的各类资料报上，以便加以汇总，也有的是在各支房谱基础上进行汇总。修谱的经费来自两个方面，一是来自祠堂公产；一是由家族成员捐纳，捐纳数目有一个最低限额，可以是钱、粮食等物品，违抗者，依家规严处。甚至不准其登记入谱，或家谱修成之后，禁止领谱，也就是说给予开除家族的处分。因此修谱之时，再穷苦的族人也会按时按量捐纳。

▲ 朱熹画像

家谱修成后，会请名人作序，以彰先辈高德。在清代文字狱盛行的年代，大多还要送官府审查之后方能刻印，以防有违碍文字。家谱完成刻印是全家族的一件大事，通常会举行祭谱仪式。族人会将一份家谱供奉在祠堂，其余则会按编号分发给族户收藏，并留有记录，定期检查，若有损坏，则予训斥，如若出卖或供给外姓阅读或传抄，即为有罪，轻则谱中除名，重则送官惩办。如果是一些大家族的分支，还要将修好的家谱送一份到大宗家族中备案、保存。如各地孔姓家族修成家谱后，都必须送一份至曲阜孔府，以备日后孔府修谱时收录。三十年后，此过程再重复一遍，每一遍的内容都有所不同，为了区别，现存的家谱大多标上"续修""几修"等字样。

家谱纂修的资料来源，通常是由日常积累所获。一般每年正月，家族成员均要聚集于宗族祠堂，将去年每户的人口变化情况用墨笔登记上谱，新生儿在各自派系下，登记出生年月日时、行第，由于古时规定，小孩五岁入塾开蒙读书之时，由父、祖、师赐名，因此在此之前也只能登上孩子的小名；有娶妻者即在其名下登记娶于某地、某人之女、姓名及出生年月日时；所嫁之女注明嫁于何地何人；死亡者注明死亡时间、寿数、葬地等，此过程称为"上谱"。所上之谱作为日后修谱的底谱，由于是用墨笔书写，通常也称为墨谱。

一些家族成员也并非一年上谱一次，某些家族规定，新生儿出生三日、死亡者半年内即要上谱，迁到外地的族人每年也要向宗祠汇报一次其迁居之地与人口的变动情况，即使是皇族也要遵循此法。

清代皇室成员每年正月初十之前必须将人口变动情况造册报送专管皇室事务的宗人府，清代中期以后，皇族成员数量剧增，一年报一次的工作量太大，又改成三个月报送一次，一年四次。清朝嘉庆年间，一批皇族成员迁回满族的发源地盛京（今沈阳），他们规定十年须向北京宗人府报送一次人口的变动情况。也有的不上谱，而是由族长备册统计，以备修谱时采用。

除了靠日常的积累以外，各支族所修的家谱资料，各种宗祠契约、文书、文件等，传记资料等都可以成为家谱编纂之时的资料。

在家谱纂修的过程中，通常对资料的收入与使用还有一些具体规定，其中主要是对家族成员的收录方面。封建时代纂修家谱，最重视的是血统世系，其目的是为了正血统、辨昭穆，因而，为防止乱宗之事，保证血统之纯净，对一些特殊人物，例如，家族成员没有后裔，若领养的是家族中血缘较近的，则可入谱，但须清楚注明抱养于何人；若领养异姓人为后，则一律不准入谱；私生子虽然有血缘关系，但属伤风败俗之事，也不可入正谱，只可入附谱，并于名下注明"养"的字样；未成年而死亡称之夭折，据封建礼教的规范《仪礼·丧服传》规定，16—19岁死亡者称长殇，12—15岁称中殇，8—11岁称下殇，8岁以下者称为无服之殇。通常而言，下殇以下是不入谱的，中殇以上可于其父名下注出。妻子与继室可入谱，妾须生子方可入谱。以上这些规定都是为了保持族人血统的纯净。

隐恶扬善是家谱纂修的另一个特点。如果家族史上出现过著名人物，受过褒奖，或有奇才异行，为家族争光者都要大写特写。在黑暗的封建社会，妇女原本在家谱中是没有地位的，但若为节女、烈女，受到朝廷的褒奖，立了牌坊，则被视为全家族的光荣，家谱上则要专设一处，详细书表。但一个家族中难免会有不肖子孙，直接写于谱中，则有辱家声，此种情况一般采用除名的方式，俗称"出族""出谱"。

除名这种方式由来已久，班固《汉书·景帝本纪》中明确记载吴王刘濞等为逆，除其籍，毋令污宗室。南朝梁武帝，因其长子萧综在前线投敌，不得已将其除籍。《新唐书·宰相世系表》最末记载："侯希逸亡其世系，李辅国中官也，仆固怀恩叛臣也，朱泚、王建、朱全忠皆削而不载。"

具体何种人出谱不书，各个家族有自己的规定，其中以清光绪年间何乘势等所修纂的《方何宗谱》规定得最为详细，一共九类人削名不书：男子为乐艺、僧、道、义男、奸盗、过恶、并犯祖茔、盗卖坟地、嫁娶不计良贱。此外还有六种属于冒大不韪之事，只要涉其一者，也都削名不入谱。

第一，弃祖。凡忤逆不孝，凶暴横行，殴打兄弟致残者，殴打族人致死者，嫖妓所生的儿子等，都属弃祖，一律不准入谱。

第二，叛党。藐视国法，参加叛乱，大逆不道，以致欺君蠹国虐民者和为吏舞文弄弊，连累宗族者都属叛党类，同样不准入谱。

第三，犯刑。犯法受刑者，或无故将人缢死还想抵赖逃脱者都属犯刑，也不能入谱。

第四，败伦。乱伦、同姓通婚等都不能入谱。

第五，背义。其中与娼、优、隶、卒结婚的，丢失家谱者，修谱时不肯出钱者都属背义，不入谱。

第六，杂贱。为人奴者，或从事娼、优、隶、卒等职业者，都属自甘下贱，不入谱。

封建时代的家谱纂修，本着抬高家族地位与声望的一大原则，在追溯本家族先祖时，必然要上溯到一位名人或帝王才肯罢休，其中不乏冒认攀附的。如果仅从家谱来观历史，我们可能会得到这样的一个趣论，历史上的坏人都是既没有祖先父母，也没有子孙后裔的。这种自抬身价，炫耀祖先的陋习，在汉代就已经出现。魏晋、隋唐以至明清所修家谱，也多有此类情况。同时，在记录家族籍贯时，一般会向本姓最为有名的发祥地靠近，徐姓的郡望必是东海，李姓必称陇西，刘姓则必言彭城，王姓必是琅琊，周姓皆曰汝南等。至于如何传下来的，则又语焉不详，无从考究。即便一些著名人物也不能摆脱此习俗。明太祖朱元璋夺得天下之后，要为自己修家谱，但苦于自己出身贫穷，无显赫之家世，因此也想冒认一位显贵达人来抬高身价，朱姓在历史中最为著名的人物当属南宋大理学家朱熹。至于行文中没有做过官谎称做过官，小衔妄称大衔等等，更是常有之事。这些行为有损家谱的严肃性，严重影响了家谱的史料价值。

从家谱纂修的体例来看，前代家谱侧重于世系，后代家谱侧重于人物与事迹。因此，续修的家谱在内容与篇幅上较前修家谱有所增加。虽然后代家谱的直观性不如前代，但其保存资料较多，价值也就较前代稍高。

▲ 朱元璋画像

20世纪90年代后，大陆纂修的家谱出现了一些新的特征，而企业的介入便是其一。据《光明日报》称，河南荥阳市成立了"郑氏名人苑兴建委员会"与"郑源实业有限公司"，并联合印制了多期《荥阳与郑氏》，分赠各地，为郑氏族史研究收集资料，提供信息与研究成果。此外，四川成都市也成立了"阎晋修宗源有限公司"，出版了《中国姓氏家谱》，对旧有家谱的内容与格式进行改革与创新，努力向社会推出公司的研究成果与新格局的家谱形式，以企业的方式向社会提供纂修家谱的指导与咨询服务，以促进民间修谱事业的健康发展。

近几十年来，在香港、台湾以及东南亚与西方的华人中，寻根、认宗、组织宗亲会、新修家谱已形成了一股潮流，并且还有不断发展之势，其中尤以台湾最为活跃。原本台湾的家谱数量较少，但近二三十年来，台湾地区掀起了新修、续修家谱的活动，家谱研究也很深入，就连大学中某些中国通史课程的老师们也指定学生以编写各自的家谱作为作业。1981年，台湾《联合报》文化基金会成立国学文献馆，从香港等地和国外大量收集家谱资料，并复制了美国犹他家谱学会所藏的中国家谱胶卷，以提供公众使用，更刺激了台湾新修家谱的风气。

总之，在家谱编纂中，首先要说明家谱续修的意义，介绍本次家谱编纂的宏观情况，确定家谱编纂的体例。这些基础工作的完成，既能保证续修家谱能够得以顺利进行，又能让家谱简单易懂。

■ 记录与整理

我国封建社会时期，家谱的记录与整理并没有形成独立的家谱目录，而仅是作为历史图书的一类，在历代各种综合性目录的历史类和专门的史部目录中得到著录与体现。由于不同时代家谱数量的不同，家谱在当时社会上地位的高低以及目录编制者对家谱重要性的侧重，家谱在各类目录中所处的位置也不尽相同，有的单独列类，有的则附于别的类目之后。

随着大量增多的史书与史学地位的上升，史书的四部分类法开始出现。遗憾的是，这个时期编制的十几部四部分类的国家目录均已散佚，因此无法知道在史部大类之下有无谱牒专类的设立。已发现的古代目录中第一个设置谱牒专类，并将所有家谱类文献集中在一起的是南朝萧梁时阮孝绪所编的《七录》，其"纪传录"下第十一个小类为"谱状部"，收录家谱著作四十二种，千余卷。此后，在各类综合性目录中一般都有谱牒专类的设置，此特点在历代正史与国史之内的经籍志、艺文志等史志目录中表现得尤为明显。

唐朝初年，我国第二部史志《隋书·经籍志》的"史部"之下，设有"谱系"类，收录谱书41部，360卷，加上此时书佚而谱名尚存的共为53部，1280卷。在其他四部拥有经籍志和艺文志的正史的史志目录中，《旧唐书·经籍志》"谱牒"类收录55部，1691卷；《新唐书·艺文志》"谱牒"类收录17家，39部，1117卷；《宋史·艺文志》"谱牒"类收录110部，437卷；《明史·艺文志》"谱牒"类收录38部，504卷。此外，在宋明两代的官私目录中，如宋人郑樵《通志·艺文略》、明代焦竑《国史经籍志》、朱睦㮮《万卷堂书目》、高儒《百川书志》、祁承㸁《澹生堂书目》、陈第《世善堂书目》等，也都在史部之下设有"谱

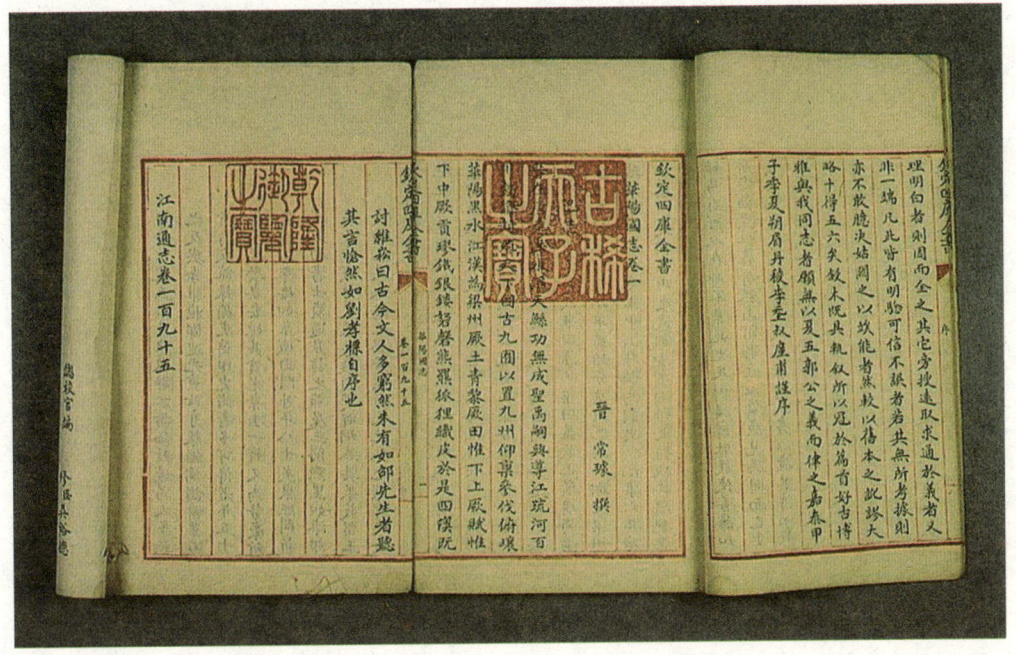

▲《四库全书》书影

系""谱传""姓谱"等专类。清代修《四库全书》之时，纂修者以"自唐之后，谱家殆绝，玉牒既不颁于外，家乘亦不上于官，徒存虚目，故从删焉"（《四库全书总目·史部总叙》）为由，将"谱牒"这个类目从《四库全书总目》中删除了。

民国初编制的《清史稿·艺文志》效仿其例，不设谱牒专类，而将此类附于"史部·传记"类之下，但实际上又并未著录家谱图书。值得庆幸的是，四库馆的修纂官员们发现了这样的并不能代表整个社会对家谱价值的认识与观点，故在清朝编制的各种私家目录、专科目录，如黄虞稷《千顷堂书目》，钱曾《述古堂书目》《读书敏求记》，徐乾学《传是楼书目》、王闻远《孝慈堂书目》、汪宪《振绮堂书目》、张之洞《书目答问》与章学诚《史籍考》等等著述中，也都专门设有"谱牒""谱系"等类目。值得一提的是,徐乾学在《传是楼书目》中还将谱牒分为"谱系""家谱"两类,并列于"史部"之下,而章学诚的《史籍考》则更进一步将"谱牒部"细分为"专家""总类""年谱""别谱"四类。

家谱的数量有了一定规模之后,为了便于时人与后人对家谱的了解、掌握与应用,家谱的收藏者须对所收家谱进行加工、整理,将家谱的各种外在特征和内容特点记录下来,编成目录,以便利流通和使用。

近几十年来,随着人们对家谱类著作价值认识的日渐深入,对家谱著作的记录与整理工作逐步走上正轨,达到一个新的阶段,同时也出现了一些专门的家谱目录。在已出现的专门家谱目录之中,可以区分为反映一处收藏的馆藏家谱目录和反映收藏处所的联合家谱目录,此外,还有撰有提要的家谱提要目录。这些不同类型的目录形式,对于人们进一步了解、把握和利用家谱资源,发挥了积极的作用。

1987年,台湾各姓历史渊源发展研究会发行的《台湾地区族谱目录》,收录台湾地区所藏各类家谱一万零六百余部,冠及一时。

1983年,南开大学历史系组织力量对北京地区公共图书馆和高校图书馆收藏家谱状况进行了初步调查。在此调查基础之上,国家档案局、南开大学历史系、中国社会科学院历史研究所计划联合编制一部能够反映海内外中国家谱收藏状况的大型工具书《中国家谱综合目录》,经过多年努力,已于1997年出版。

这部大型家谱目录一共收录大陆四百余家图书馆、文化馆、文管会、

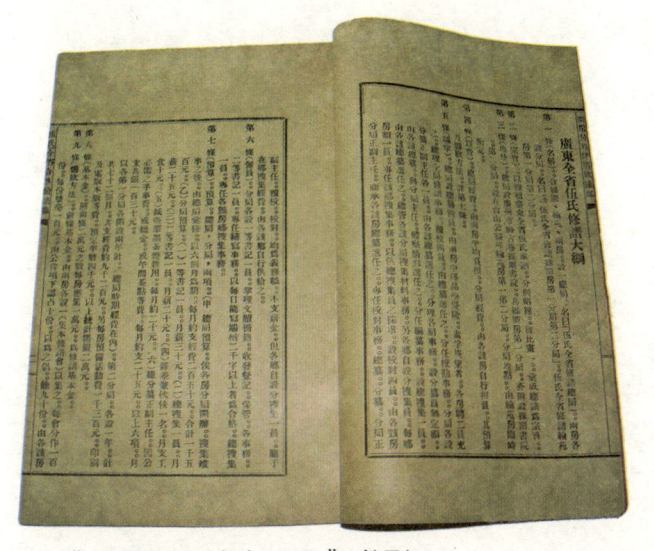

▲《中国家谱综合目录》书影

博物馆、纪念馆、档案馆、文物商店等单位和海外公、私收藏的大陆与台、港、澳地区1949年以前编制的家谱资料14761种。正文按谱主姓氏，以笔画为序排列。同一姓氏的家谱，则按各家族居住地排列，正文著录依次为顺序号、谱名、卷数、纂修人、纂修时间、出版时间、版本、册数、藏书单位等，书后附有"地区索引""报送目录单位名单"附录，以便读者查阅。虽然此目录无法收录穷尽现存的所有家谱，但仍是当今我国规模最大、最权威、最便利的一部家谱联合目录。

20世纪80年代以来，我国收藏家谱最多的北京图书馆也对馆藏家谱进行了清理与编目工作，并在此基础上组织人力为馆藏3000余种家谱逐一撰写提要，目前已完成了2000余种，随着《北京图书馆馆藏家谱提要》的完成，北京图书馆为读者提供馆藏家谱的检索服务将上一个新的台阶。

近30多年来，我国在家谱的整理方面，除了编制各种专门目录外，还选择性地重印了一些价值较高、篇幅较为完整的家谱资料。早在20世纪80年代初，台湾新远东出版社就出版了几十种新、旧家谱，其他的一些出版社也有过类似之举。1995年，山西省社会科学院家谱资料研究中心与中国谱牒学会，在经过十多年的收集、整理旧家谱的基础上，决定与国内多家单位联合编纂《中国族谱集成》。

此外，浙江省地方志学会乡村社会研究中心在整理旧方志、指导编写新方志的同时，也十分重视旧家谱的收集、整理工作。目前，他们已将浙江省现存的大约5000余种旧家谱基本进行了计算机信息处理，建成浙江所藏旧家谱信息数据库，读者可以方便地从中迅速检索到有关浙江现存古谱的谱名、修谱人、修谱时间、卷数、修次、出版者、出版时间、版本、收藏者等信息。并在此基础上，又精选出一部分价值较高、篇幅较为完整的旧家谱，编成《浙江家谱（旧）集成》，以飨社会。

■ 家谱的内容

古时的家谱在选官、袭爵、婚姻、社交、财产继承、睦族等方面都起着极其重要的作用。因此在编修家谱之时，都应将这些方面的内容收录其中，以传示时人与后人。

自家谱产生3000多年来，由于时代不同，作用也不尽相同，因此记录的内容也不尽相同。古时的家谱及其所书写的内容都是适应产生的那个时代的需要，具有社会实用价值，起着巩固社会政治制度、组织人们社会生活的作用。上古时期的家谱仅为君王、诸侯与贵族所专有，家谱仅有证明血统的作用，同时也是为袭爵与财产继承服务的，此点可从甲骨实物与《史记》中的有关部分得到证实，先秦时期的家谱尤为重视世系，家谱的内容也较为单一，仅为世系。

魏晋之后，入仕、婚姻、社会交往均依据门第，这样一来，家谱在政治生活、经济生活与社会生活中的作用就显得至关重要了，家谱的内容较之以往有所增加。

魏晋至唐时的家谱现已基本亡佚，从现存仅有的其他一些著作所引的资料与后人再整理的资料来看，仍可了解到一些基本情况，魏晋至唐代家谱的内容大致包括郡望、源流、家族世系，当然首先书写的还是姓名，姓名包括字、号，还包括别名、异名，然后记载生平，官爵，生卒年及特殊死亡原因，婚姻状况，兄弟姐妹及子女的做官、婚配的情况，著述、居住、迁徙、家族支系、坟墓等等，其中以家世，官爵，地位，自己及兄弟姐妹、子女的婚配等情况记录得较为详细。

宋代之后，家谱在政治上基本失去了作用，但在尊祖、敬宗、睦族方面却显示了其作用，因而，家谱的内容也随之发生了一些变化。宋元时期的家谱流传极少，明时的家谱保存较多。这是因为，宋代以后家谱基本上去掉了关于岳父家的内容，而把记录的重点移到有关祖先、世系、祠堂、恩荣、田产、居住、坟墓，以子嗣和与血统有关的内容记载特详。族姓的渊源一般可上溯至家族的始祖，大多上托帝王、名人，以表谱形式，列出家族流传世系。记录本家族列祖列宗的诸如科举、仕宦以及受到政府褒奖情况，即使没有做过官，也要写上处士，着实没有可书的，年长者则写上"耆寿""寿妇"等字样，努力使自己的家族门楣生光。对每一个入谱之人，尤其是家族的重要人物，一般都有传记，详细记录他的名字、号谥、婚姻、生死经历、登谱之年、妻妾、节孝，尤其对子嗣记录特别认真，严格掌握入谱标准，对诸如养子、女儿、私生子、幼殇（11岁以下死亡者）以及入赘等情况，特别慎重，以防出现"乱宗""冒宗"之事，保证血统的纯净。祖宅是先人们居住、生活过的地方，祠堂是祭奉祖先的场所，祖茔是列祖列宗长眠之地，尊崇祖宗对于团结族人，有着极大的意义。故对祠规、祠记、祠产、义田、义庄、家礼、家训及祖茔、祖屋的地形图等也记载较详。最后是家传，一般收录有声望先人的墓志铭、行状、年谱、寿序、像赞等传记资料，一些家谱后还专列著述或艺文一节，收录家族先人的著述、诗文等。

■ 家谱的格式

家谱的格式在不同时期也有所不同。

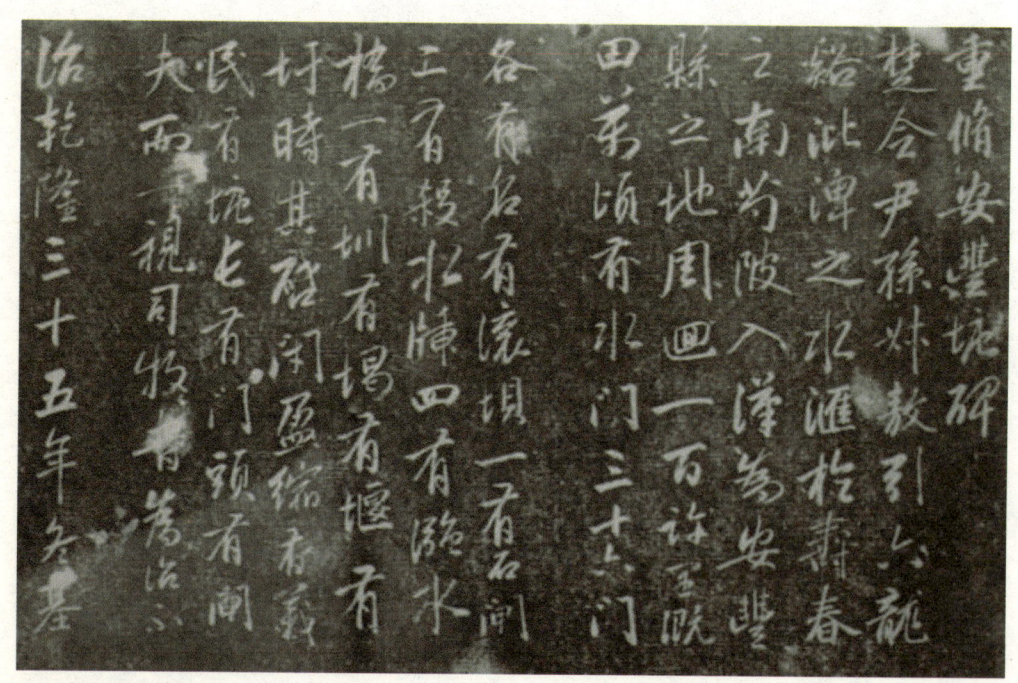

▲《孙叔敖碑》

商周甲骨、青铜家谱仅录世系，格式上为每人一行，说明关系即罢，内容较为简单。汉代的家谱格式大致有三种：一为横格表制，分代分格，按时代顺序排列，《史记》中有关各表是其代表；二为以姓名为单位，先叙得姓起源，再述世系和官位；三为一贯连写，汉代流传至今的两块碑文《孙叔敖碑》与《赵宽碑》是其代表。魏晋南北朝时期，家谱的格式是分行或连行写，每代与上一代之间空一格，这从现存的北魏薛孝通贻后券、彭城王元勰妃李媛华墓志和刘宋临澧侯刘袭的墓志就可看出，不同的是后两块墓志不仅记述了本家世系，而且还详细记述了亲属的谱录，这在后代是为先创之举，但在南北朝时期却是司空见惯的。

唐朝的家谱大多为合谱，通常以姓为单位排列连写开来。宋代以后，又开始分代分格。明清时代的家谱，大多沿袭此法，卷首列世系总表，以备检查，然后每人的内容占据半页的篇幅。

家谱修撰，到了明清两代其结构已基本完善。明清两代家谱的格式大致排列如下：

1. 题辞

并非每一部家谱都有题辞，多为前代皇帝或名人为本族或家谱所题，放置显著位置，旨在以此炫耀家世。

2. 谱序

谱序，也称"谱说""谱铭""谱券""引""卷首语"等，包括新序、旧序、族外人的客序、目录与刻印人名，以及其他关于本族的记述。有自序和他序的区别，其内容为叙述修撰缘起，本谱的修撰

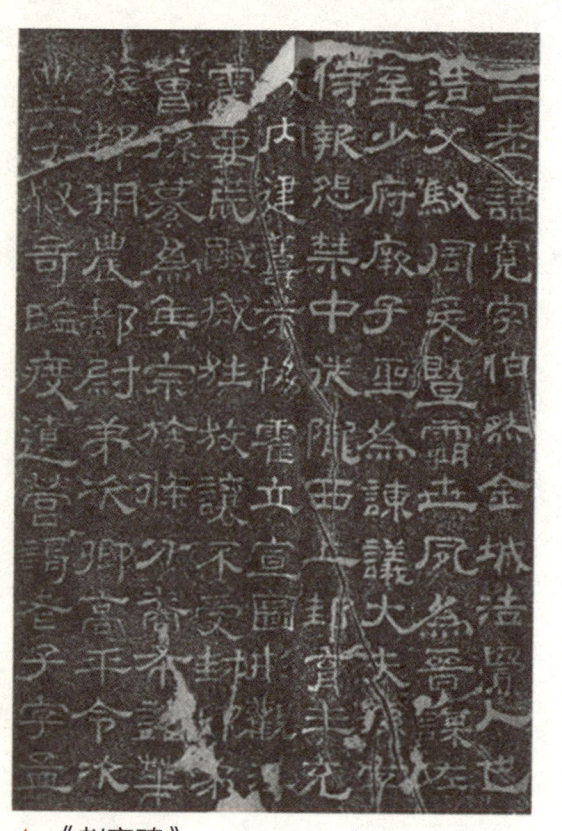

▲《赵宽碑》

历史、过程与内容大要及修订年月等，作用是宣扬本谱主旨，颂扬祖德，使子孙读来能敬祖向善。论述纂修家谱的重要意义、本族历次修谱的情形、本次修谱的缘起和本姓本族的源流等。有时为了增光族望，还专请当代名人作序，并将以往名人为列谱所作的序也依时代先后排列收载。而外姓名流所作的谱序，则注重儒家道德伦理的宣扬，强调敬祖宗、辨昭穆、孝祖先等。如果本谱是续修之作，那么，除收载新写的序外，以往历次修谱的旧序，也一并收入。谱序的作者包括各色人等，有的是本族之人，有的是社会名流，也有的是当地的地方官员。例如，在宣统版《黄县太原王氏族谱》中，就有黄县地方官袁中立撰写的谱序。

（1）族人记述。

关于族人的记述，此处将以定阳张氏族谱、新泰刘氏族谱为例加以说明。

定阳张氏谱序

在《定阳张氏族谱》中，有官吏撰写的谱序，也有张氏族人撰写的谱序。就张氏族人撰写的谱序而言，张煐撰写的《宗谱识略》与张燮撰写的《族谱序》最为重要。张煐不仅阐述了族谱修纂的意义，还考察了定阳张氏从一世到六世的世系。张燮则历数了张良、张道陵、张昭、张旭、张巡、张载、张栻等张氏名人，希望后世子孙克绳祖武，牢记忠厚仁德的家教。嘉庆年间，张企栻、张企禹、张清政等人又分别撰写了《族谱序》，以此希望继承张燮与张煐的德业，续修族谱。道光年间，张清谟、张清咏、张清甸等人又分别撰写了《族谱序》，重申了续修族谱的意义，希望后世子孙牢记水源木本之谊，勿忘尊族敬宗、亲睦族人。总体来看，在张氏族人看来，续修族谱是为了尊族敬宗、记录世系和亲睦族人。

新泰刘氏谱序

刘复初系始迁祖是丰高人，在元末明初来到山东新泰。元朝末年，他曾被举荐入仕。考虑到当时天下大乱，他并没有做官。待到明朝的军队来到山东之时，他被举荐为新泰县令。明太祖即位后，实授为新泰第一任县令。由于他勤政爱民，政绩卓著，在其任期届满时，百姓不忍他离去。于是，他就定居于新泰。

在600余年的历史中，新泰刘氏曾经多次续谱。本世纪初续谱之时，新泰刘氏将以前的所有谱序都加以整理和收录。翻阅这部族谱，其中，谱序有10余篇。康熙十四年（1675年），刘琪撰写的《谱碑序》引用了《周易》里面的"仁为原善之长"，又引用了孔子的"亲亲为仁之大"，来说明续修家谱的目的在于敬祖睦族。乾隆元年（1736年）四月，刘恕撰写的《重修族谱碑序》提出续修家谱是为了"纪世系别统宗"的说法。

此外，谱内还有他人撰写的《斳林碑序》《谱碑序》等。

（2）外族名人谱序。

关于外族名人谱序，此处将以朱熹、陆九渊为例加以说明。

朱熹

在宋代理学家、儒学家朱熹看来，续修谱牒的目的在于"逐本溯源"，辨明昭穆、异同、嫡庶、长幼与尊卑。面对唐代之后的修谱之风衰落的现象，他感到非常惋惜，于是他便积极致力于推动续谱的修撰工作。他用"千流万派，总归一源；叶茂枝繁，不离一本"来描述关于祖宗与子孙的关系。

1194年，应福建刘氏的邀请，宋代儒学家朱熹撰写了《题刘氏宗谱序》。在这篇谱序之中，朱熹首先从天象入手，将三垣九曜围绕北极星和人间君臣关系做了类比。他认为昆仑山是五岳之本，以此来比喻后世子孙本于一宗。孝顺父母与忠君爱国的道理相同。做臣民的应该鞠躬尽瘁，做子孙的要慎终追远。刘氏的谱牒能够追本溯源，明确大宗小宗之分，辨明昭穆，明确长幼尊卑，实乃大忠大孝之义举。此外，朱熹还曾为紫

▲ 陆九渊画像

岩周氏、济南辛氏、福建林氏、宁都廖氏、华林胡氏等家族作序。

陆九渊

1178年,应廖氏族人廖光的邀请,宋代儒学家陆九渊为宁都廖氏作了谱序。陆九渊在谱序中指出,自始祖叔安公之后,宁都廖氏人才辈出,光耀宗谱,值得称赞。他认为廖光出身名门望族,笃志向学,博学才优。廖光时任郎署一职,陆九渊希望廖光"尽忠报国"。并且,陆九渊还希望廖氏子孙修身慎行,力学务本,隐显皆以忠孝为本,光门楣德业。

3. 恩荣录

恩荣录,又称封典,集中记载了历代帝王对本族或某些成员的恩泽,包括历代朝廷对本族中的官员及家属的敕书、诏命、赐匾、赐字、赐联、御谥文、御制碑文,以及地方官府的赠谕文字等。旨在通过重君恩来彰显祖德。在所述的相关文字中,能够体悟到后世子孙对祖先的尊崇,也能够看出历朝历代对勤政爱民、相夫教子等美好品德的推崇。这些文字记录了先辈们的嘉言德行,皆为家族的骄傲,也是希望后世子孙效法的典范。因此,在家谱续修之时,此部分内容往往也会被收录在家谱之中。

(1)对男性的封赏。

在《定阳张氏族谱》中,第二卷封典收录了皇帝颁布给张氏族人的三十多道圣旨。这些圣旨的内容多为依据科举或捐款,对张氏族人进行奖励。在奖励时,皇帝不只会奖励所受的个人,还会奖励他的父母、夫人、祖父母与曾祖父母等直系亲属。在收录时,修纂者不仅会记录圣旨受领的时间，并且还会按照曾祖父母、祖父母、父母、兄嫂、自家夫妻的顺序来排序。至于为何要封荫祖宗，从朝廷颁发的圣旨来看，主要是因为祖辈、父辈对后世子孙的行为规范具有示范作用。相反在封荫时，个人不但可以因自身勤政爱民、乐善好施等功绩而得到封赏，也可以因他的子孙、兄长等人的功绩而获得封赏。因此，一人往往会获得多次封赏。例如，张呈锦与他的夫人宋氏就因为他的孙子张炜、张焕而分别受到封赏，又因为曾孙张企俨也曾受到封赏。

（2）对女性的封赠。

朝廷的封赏也是按照男女平等、嫡庶并重的原则进行的。在封赠给男性长辈、兄长与自身官职的同时，朝廷也会册封曾祖母、祖母、母亲、嫂子、妻子等恭人、安人、孺人、夫人等尊号。按照古代的命妇制度，各级官员的夫人或母亲、祖母、曾祖母等都是按照此制度来进行封赏的。一品与二品为夫人，三品为淑人，四品为恭人，五品为宜人，六品为安人，七品、八品与九品为孺人。

然而，封赠女性族人时，会在对正妻进行封赠的同时，对生母、继母等封赠同样的尊号。如果庶母有子，也可能会受到封赠。在对这些女族人进行赞颂时，通常会提到她们相夫教子的功绩。例如，在《定阳张氏族谱》中，张启载的继室梁太恭人就是因为抚养继子张清政和孙子张应泰，加上乐善好施、孝敬公婆等美德而受到皇帝的敕封。

4.凡例

凡例，也称谱例，主要声明本谱的纂修原则与体例、结构特点、收录范围、适用范围、各种著录规则、本谱中各类目的立类缘由、可入谱与不可入谱人物的标准，以及如何避讳等行文要求。定出若干条适合社会潮流与需要的规则，作为修谱时所遵循的重要原则。例如，1774年，在续修《孔子世家谱》时，衍圣公府颁发的谱例共有34条。

在明清时期的家谱中，凡例为续谱必备之目。在《黄县太原王氏族谱》（宣统版）中，包括两种凡例。一种为乾隆年间修谱时所拟定的凡例；另一种为宣统年间修谱时所设立的凡例。

乾隆版凡例

本次修谱共设立凡例八条。首先，明确了排列方式、书写体例等内容。

（1）家谱首重支派。在记载时依大宗小宗来排列，不考虑年岁；

（2）在记载人名时，始祖以下，皆直书名字；

（3）在具体记载某一人时，先书写其父于上面，记载其妻为某氏，下面写明该人的儿子有几个。这种写法一目了然，让人一次看清祖父、父亲、儿子三代；

（4）关于在族内认养继子，既要在继子生父名下注明出继何人，又要在继父名下写明继子为何人之后。例如王百贤收养王百衡次子为后嗣，改名为敷伦。在谱中，百贤、百衡两处都有记录。

其次，家谱还确立了下面几个体例。

（1）关于收养外姓义子，原来修谱时不列入家谱，结果出现了义子冒认正宗的情况。所以在此次修谱时，在义父名下注明义子某某，以备以后查考；

（2）族人的孝行节义、科名宦绩等事迹，予以据实记载；

（3）关于先代祖先的坟墓，在人名之下记载葬在某处某山，方向如何，以备后人祭祀；

（4）为了方便后世子孙取名、确立尊卑之序，免得与祖先同名同辈，特地确立"克大敷基厚，常绵积庆深"10个字为字辈。

宣统版凡例

本次修谱共确立11条凡例。首先，在支系排列方式、书写格式、继子入谱等方面，继承旧谱的体例。其次，族人还确立了如下几个体例：

（1）对于配偶记述方法进行了完善，原配书配，继配和继妾书某氏，不云配；

（2）在上次续谱时，义子不能入谱。在此次续谱时，义子予以低一格书写。如果义子无后而收养本族族人为继子者，则将继子按正常支派予以记录；

（3）关于族人迁入外地者，旧谱一律予以记载。在本次续谱时，首先予以查访。如果查访确实，则予以记录。如果未能查明，则不予记录，等到下次续谱时，再行查找。

再次，族人确立了事迹查证、坟茔记述和刻版保存等事宜。

（1）对于族人孝行节义、科名宦绩等突出事迹予以查考，查证确实者予以立传。如果未能查明，则留待下次续谱时再行查证；

（2）关于祖坟，只记载始祖和二世祖以及族内公地和义地，以后历代一般不予记载。如果该名祖先的直系后代能够捐资襄助家谱的续修，则将该名祖先的坟茔情况予以记载；

（3）以前续谱时，关于十三世以上的情况都已经用枣木、梨木等制版，并进行了珍藏。十四世以后另行刻版，予以珍藏，以备后世刻版时使用；

（4）旧谱所列"克大敷基厚，常绵积庆深，字传燕翼盛，木永自成林"尚嫌不足，本次续谱新增"和平延世德，福佑受天恩"10字为字辈，希望子孙绵延不绝。

在改革开放之后，家谱的续修又在中国大陆兴盛起来。在这些家谱中，有的也有谱例。与明清时期的家谱相比，这些谱例在女性上谱方面有所变通，但在某些地方嫁出门的女儿不上谱，娶入家门的媳妇可以上谱。

5. 图

明清时代家谱的卷首多有图版，内容不尽相同，一般有祖庙、祖茔、祠堂及牧场、水源或住宅等图。

6. 像赞

对家族中的重要人物，家谱往往会专置像赞来记录他们的影像，以求达到光大族望，德率后辈的目的。有些还刊载了一些先人遗作。正面为遗像、背面为像赞是像赞的大体格式。有的是本族人写的，有的是外族人写的。在像赞中，我们能够看到家族始祖的祖像，在古

▲ 周文王的像赞

代的家谱中，往往还有族人或外族人对他们的赞语。他们之所以受到敬仰，不仅是因为他们是先人，还因为他们的事业与道德值得后辈继承。

（1）民国时期的像赞。

《锡山张氏统谱》（民国版）八卷本就在卷三处设有祖像30多幅，每幅图像均配有像赞。其中，轩辕黄帝为像赞第一人。在撰写的赞语中，文从简极力赞誉黄帝的功绩。汉朝留侯张良是像赞的第二人。在赞语中，张氏族人首先写的是张良的生平。秦朝末年，张良带人埋伏在博浪沙，希望用铁锤砸死秦始皇，为被秦国灭亡的韩国复仇。但此事未能成功。后来，他得到黄石公的传授，学成兵法与韬略。归附刘邦后，他力主刘邦联络英布、彭越，重用韩信，又主张追击项羽，不遗后患，最终助刘邦成就了一番大业。刘邦称赞他"运筹帷幄之中，决胜千里之外"。待汉朝建立之后，他被封为留侯。晚年辞官，潜心修道。

（2）新时期的像赞。

在新修的家谱中，祖像还可见到，但像赞却已经很少见了。以2010年续修的《新安琅琊王氏太湖县龙山支王氏宗谱》为例，谱中收录了黄帝与周灵王太子晋的画像。在黄帝像后，附有从黄帝至太子晋的世系表。在太子晋的画像后，附有摘自《国语》的《太子晋壅川谏》。但却没有像赞。

2005年修成的《漳州渡东陇西李氏族谱》中，祖像置于第三部分。其中，首先收录的是李氏上古始祖皋陶公祖像，接着是李氏受姓始祖利贞公祖像，然后是道教始祖李耳和唐朝名臣李靖的画像，最后是漳州李氏始迁祖李伯瑶的祖像。与上述王氏宗谱相似，此谱也无像赞。

7. 节孝

宋代至明清时期，重孝道，族中出了节妇孝子便会成为全家族的光荣，因此，这个时期的很多家谱在首卷立节孝一章。

8. 派语

派语，也称字辈，为记载族人的排行字语。封建时期的家族排行具有一定寓意，大多是为皇帝、名人、祖先确定，子孙后代一代一字以此作为排序。字辈原为汉人所用，清代以后也曾被满人采用，如清代皇室起名原无字辈，康熙年代开始确定字辈，皇子名首字用"胤"，二字用"示"偏旁，皇孙名首字用"弘"，二字用"日"旁，乾隆、道光、咸丰三朝，又分别各增加四字，形成"胤、弘、永、绵、奕、载、溥、毓、恒、启、焘、闿、增、祺"14代字辈。

9. 世系录

世系录，也称世序、世系考、传实、行实、世录。是对世系表的进一步解释，即记录一个人生、老、病、死、葬的情况，其内容包括父名、排行、名、字、号、生卒年月日时、享年、官职、功名、德行、葬地、葬向、妻妾的生卒年月日时、封诰、岳家、子女、女嫁之人及有无富贵外孙等，重生死、血统。

10. 世系表

世系表，也称世表、世系表、世系图、根图，是以图表的形式反映家族成员血缘关系的，此为家谱的主要内容，常见的是五代为一表。

11. 考

有疑则考。一个家族存在于世几百余年、几千余年，自然事不可尽细，可修谱之时又必须详明，因此只得考索。通常需要进行考证的，大体有以下内容：姓氏来源、迁徙过程与原因、某些世系、仕籍、先辈科名以及祠庙、祖茔等，一些家谱也将之称为谱撮、谱镜。

12. 人物传记

人物传记，又称行述、行状、行实、事状、志略等，体裁有传记、行状、寿文、贺序、墓志、祭文以及抄自史传中的文章。

人物传记与世系录作用有些相似，不同的是世系录是本家族每个男性成员所有，而传记类则是有功名贤能、名可行世的族人方可入传。传记分为内传与外传两种，内传为有懿行的女子传记，外传为男子传记，可由后人代写，也可请当时的名人撰写。

在世系考和世系表之外，人物传记会对家族中的重要人物加以更为细致的说明，以期收到凝聚家族、激励后人的功效。在人物传记中，我们往往能够看到对于孝悌忠信、勤政爱民、乐善好施、立志守节等品德的表彰，还能够看到对于续修家谱等促进家族发展的人物的表彰。本书以《黄县太原王氏族谱》和《定阳张氏族谱》为例，加以说明。

（1）黄县太原王氏。

黄县太原王氏族谱中，在家时孝顺父母、做官时勤政爱民、为人乐善好施、丈夫死后能够独自抚育幼子等几类人，都会被单独作传进行表彰。

勤政爱民

在黄县太原王氏家族中，出仕之人大多勤政爱民。这些官员也被家谱的修纂者对其作传表彰。

　　王祯是黄县太原王氏的五世祖，大明成化年间的贡生。他为人正直，时常闭门读书，操履端方，得到了当地百姓的尊重。入贡后，他被任命为直隶肥乡县训导。他绘制了《望云祝寿图》给自己的寡母。在这幅祝寿图上，他题了这样一首诗："经年不展舞衣斑，肠断云飞指顾间。天若有怜孤子意，并教慈母寿如山。"母亲姜氏看到这幅祝寿图后非常高兴。不久，由于姜氏年老体弱，身患重病，不能起床。王祯便悉心侍奉其左右，在母亲去世后，他依古礼为母亲安排葬礼。在凤阳教授时，他门下的很多学生都在科举考试中传来捷报。后来，有些学生拿出一些钱来感谢恩师，但王祯一一辞绝。他还曾在代王府中任教，并且得到了王爷的赞赏。

　　王道明是黄县太原王氏的第八世。尊孝道，重礼仪。他天资聪颖，族人们都很喜欢他。7岁那年，他随其父王廷孚参加在泉水亭举办的一个宴会。宴会上，大家都知道小道明很聪明，就出了个对子来考他。其上联为"荷叶穿萍青结绿"，道明应声对出下联"桃花夹竹翠生红"。在座众人都大为惊叹，纷纷称赞。王道明中举后，出入都不坐轿，穿的是布衣，吃的是粗茶淡饭。

　　朝廷大员看重他的才华与品行，就让他做了讲堂的老师。当时的儒生都很尊重王道明。他极有才情，喜欢喝酒吟诗，有斗酒百篇之说。在陕西做县官之时两袖清风，勤政爱民，百姓们都非常爱戴他。在他卸任之后，当地的百姓还为他建造了祠堂。后来，他做了西安别驾，最终死在任上。

孝悌忠信

在王氏家族中，有很多孝顺父母、和睦兄弟的族人。在此，略举以下几例：

王大观，庠生，性格谦恭、天资聪慧。孩童时期他就能口诵文章。他非常孝顺父母，母亲生病时，他昼夜侍奉其左右，衣不解带，时间长达数月，并且没有任何怨言。他学问渊博，给别人讲学不收学费。他待人忠厚，享年80余岁，族人们尊称其为"忠厚先生"，为贯彻王氏"无用"祖训的典范。

王大程，幼年丧母，对待继母非常孝顺，对弟弟爱护有加。父亲死后，他为父亲守孝三年，在此期间，不吃荤腥、不喝酒。他的学识十分渊博，长于古文诗词。他教育有方，门下学生大多学有所成。他为人正派，遇事敢言，不阿谀奉承。族人对他推崇之至。

王洪肇，太学生。他做事果决，具有过人的气节。在治家方面，他宽严有方，家中井井有条。他以身作则，每日早起晚睡。他具有商业才能，获利颇丰。他热心公益，在宗祠维修等事务上面捐款很多。

王洪运，为人忠诚慎密。年逾30才进入学堂。因为天资聪颖，因此成绩多次名列前茅。但科举未能中第。他擅长数学计算，对于医学、占卜等也很是了解。52岁去世。在坟旁有祭田一亩两分，这是他家子孙专有的祭田，其他支派不得干涉。

王人麟，字瑞生，太学生，因孙子被朝廷赠中宪大夫。他性格仁厚，寡言慎重，平生不论人非，且极具孝义。他的父亲躺在病榻上长达九年，他打破了"久病床前无孝子"的成见，衣不解带，侍奉病榻之前父亲去世后,他非常悲伤。他常言:"父母的养育之恩大如天。做儿女的尽孝,只是细微之举。不管做得再好,也不能报答万一。"

乐善好施

王氏在黄县是望族。对于乡邻的苦难,他们都能够怀着仁爱的心伸以援手。

王翔云,幼年时父母双双去世。因此他是"吃百家饭,穿百家衣"长大的孩子。他做过奉直大夫等官职。他性格仁厚,在帮助他人之时,总是尽心尽力。例如,在捻军东侵期间,有个姓黄的幼童被匪徒掳走了。王翔云想尽一切办法,终于把这个幼童救了回来,使得黄家人能够一家团聚。对于族内不知上进的晚辈,他都悉心劝导,引导他们走上正道。如果族人中间有愿意读书的穷苦孩子,他都倾力相助,帮助他们完成学业,资助他们参加科举考试。遇到荒年,他便拿出家中的存粮,周济族人与乡邻。很多人因此而渡过了难关。在他的诗文中,人们能够看到多处值得称道的地方。例如,"读书须得真滋味,虑世常思本性情"。再比如"莫谓山林同一样,惟见松柏古今苍"。

王四箴,字程书,太学生。他性格果断,喜洁净,居处一尘不染。他喜欢阅读经史,喜欢喝酒作诗。他以敦宗睦族为己任。年逾六旬之时,他背起筐篮,给始祖的坟墓上添土。在他的感召下,族人们都纷纷背土添坟。在他的带动下,始祖至九世祖的坟茔都立了墓碑,他因此而被推选为族长。面对族人之间的争执,他总能本着公正的原则,不辞辛苦地进行调解,让双方化干戈为玉帛。他乐善好施,积极捐资整修文昌庙等庙宇。隆冬季节,很多乞丐无法填饱肚子,他就对路边的乞丐施以热粥，为他们送去冬天的温暖。

立志守节

我国古代有很多节妇。在她们的丈夫死后，她们并非改嫁，而是独立抚育膝下幼子。

王人涣的妻子黄氏，资禀幽贞。嫁入王家之后，29 岁之时育有一子。数月之后，王人涣去世。黄氏摘去华丽的首饰，脱去绫罗绸缎，穿上普通的衣服。她严守节操，一心抚育自己的儿子。岂料两年之后，她的儿子又夭折了。在族人的帮助下，她收养王人耀的次子为后嗣，唤名敷诏。她守节 40 余年，毫无怨言。七十岁时去世。她的节操被族人推崇，于是在家谱中作传予以表彰。

王敷杼的妻子张氏嫁到王家之后，育有二子，长子名基亨，次子名基田。后来，王敷杼不幸亡故。张氏时年仅 24 岁，基亨 3 岁，基田尚在襁褓之中。她苦心养育二子。后来，基田过继给王敷桐为子，两个儿子都成才了。基亨娶妻陈氏，育一子，名丰厚。岂料基亨又不幸亡故。当时，陈氏仅仅 21 岁。于是，两世寡妇立志守节，昼夜纺织，终于将丰厚抚养成人。族人推崇她们的德行，就奏请朝廷予以旌表。后来，二人先后被朝廷旌表，族人奉旨为她们建立牌坊。

突出贡献

王道同，字心宇，为黄县王氏八世祖。为人端方正直。尽管他家境穷困，但在教授学生方面却不遗余力。一天清晨，他在去学校的路上捡到了一个大布袋，里面有白银 400 两。不久，失主来找王道同，并告诉他，他捡到的银子是自己收账所得，袋中共有白银 400 两。王道同一看，确实是失主的钱，就把钱还给了失主。失主要拿出一些银两来感谢王道同。王道同坚决推辞不受。他80多岁的时候，还曾保全了不少仓库，让经过战乱的人们有粮食可以充饥。他的突出贡献在于最早开始编修黄县王氏族谱。在谱序中，他提出了"无用论"的治家箴言。后来，他的孙子王卜写有《无用说》，劝诫王氏子孙都要待人忠厚，遇事不得行险侥幸。王道同提出的无用论家训，对于王氏子孙树立与人为善的家风起到了定调的作用。后人因此尊称他为心宇公、无用祖。

在《王氏族谱》中，人物传记并没有单列为一卷，而是附在世系表中。因此王氏族人几乎代代都有人立传。

（2）定阳张氏。

在《定阳张氏族谱》中，立传的仅有三人，依次为张呈绣、任氏、梁氏。他们获得立传的缘由皆因德行兼备。

孝子张呈绣

张呈绣，字成文，别号敬巷，是定阳张氏五世孙。他年仅7岁之时，父亲就去世了。尽管年幼，但他还是悲悯哀伤，三年里都没有一丝笑容。乡邻们都称他"纯孝童子"。

在侍奉寡母时，他晨昏定省从无间断。他的母亲身患重病，想喝绵山蜂房泉的泉水。蜂房泉离介休城有六七十里远，并且道路崎岖。张呈绣不顾道路险阻，亲自上山去寻泉水。在回来的路上，他遇见了一只老虎。他心里很害怕，谁知老虎静静地从他身边走过，并没有伤害他。邻居们都说是呈绣的孝心感动了上苍。母亲去世后，他在墓旁守孝3年。在此期间，他不沾荤腥，邻里们都很感动。官府先后送给他几块牌匾，上面分别刻着"六行全克""孝行足嘉""善行足式"等字样。后来，官府还在他守墓的地方树立了张孝子庐墓处的碑石。

因为他的母亲生前乐善好施，因此张呈绣也效法母亲，急公好义。他的善行不胜枚举。列举几例。他喜欢读书，但却未能举第。所以他设立了义塾，让贫苦人家的孩子免费读书，还给学习成绩优异的学生发放纸笔作为对其的奖励。张呈绣四处寻医问药，力图治愈年幼时就得了重病的兄长。张呈绣还把侄子视若己出，非常疼爱。在分家时，他把家产平分给儿子和侄子。对于无力办理丧事的贫苦人家，他会资助他们棺材。对于无田耕种的农民，他安排他们租种张家的义田。对于死在介休、无法回归原籍的外地人，他置办了6亩土地，作为义冢。张呈绣独立购买了很多石头，把介休城北的泥泞道路修成了坦途。

在他去世后的第三天，有个穿着孝服的人一路痛哭地走进灵堂。此人并不是什么亲朋故旧。在张家人仔细询问之下，那人泣不成声地说明了缘由。有一年，他拿着装有30两银子的包裹，行色匆忙地往家赶，不慎将银子丢失。失财之后，他遍寻不获，就伤心地坐在路旁痛哭。就在这时，张呈绣拿了一个装着30两银子的包裹，和蔼地对他说："快别哭了，这不是你的银子吗？"他仔细一看，发现并不是自己的银子。但由于家中有急事，他就拿着银子回家了。在回家的途中，他下定决心来日一定要当面向恩人道谢。谁知天不遂人愿，当他来还钱之时，张呈绣已经去世了，所以他才痛哭不止。

由于张呈绣孝顺母亲、热心助人，朝廷下旨建立牌坊以此表彰。介休城里的百姓也把他的牌位供奉在孝义祠中。

节妇任氏

任氏是张呈绣的继室，16岁时嫁入张家。对过世的公婆，她依照事死如事生的原则，予以诚心祭祀。她常常以未能向公婆敬孝心而感到遗憾。她的道德、女工、烹饪都非常优秀。处理夫妻关系时，她既注重男女之别，又能够举案齐眉。丈夫生病时，她悉心照顾于侧。丈夫过世时，她失声痛哭，在办理丧事时举止合乎礼节。

这一年，她年仅26岁，儿子张燮年仅4岁。她擦干泪水，脱下绫罗绸缎，日夜辛劳操持家务。她在教育儿子时非常严格。她热心助人，看不得别人受苦。有一年，介休大旱，粮食歉收。任氏捐出钱财，施舍粥饭给穷人。在金川战争时，晋商纷纷筹措军饷，任氏也积极参与其中。她对儿子说："我们家虽然没有受过朝廷很多封赏，可是享受了一段长时间的太平日子，应积极报效国家。"她死后，介休

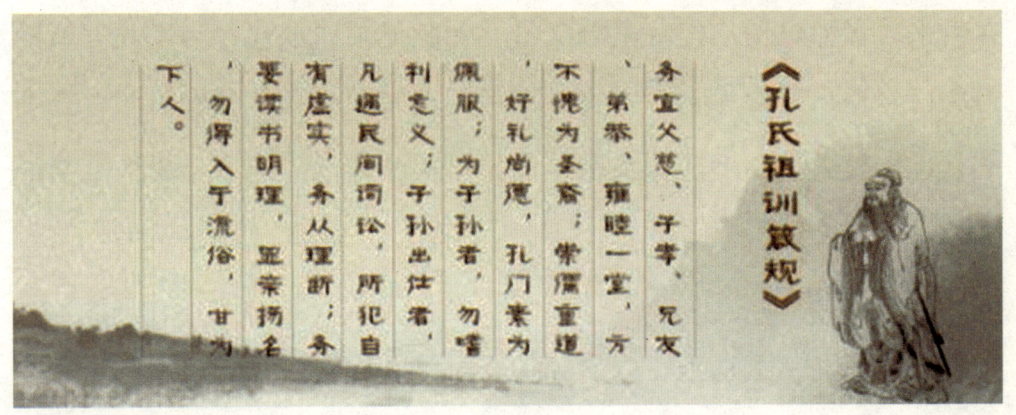

▲ 孔氏祖训

百姓感念她的恩德，于是向朝廷申请，对她进行旌表。朝廷同意了介休百姓的请求，并封赠任氏为太恭人。介休百姓把她的神主供奉在节孝祠内。

节妇梁氏

梁氏是张企载的继室。嫁给张企载时19岁。当时，张家家境贫寒，公婆高龄，身体衰弱。梁氏日夜操劳，即使生小病也不休息。当时，正妻强氏之子清政尚在襁褓之中，梁氏待这个孩子如亲生。张企载去世后，梁氏的负担更重了。她既要照顾年迈的公婆，又要抚育幼子，辛苦程度可想而知。

后来，清政娶妻生子。他的妻子马氏却早早故去。梁氏便开始悉心抚育孙子张应泰。她为人乐善好施，邻里大都得到过她的帮助。她教育儿孙做官要勤恳、谨慎、公正、廉洁。后来，介休百姓也为她向朝廷请求旌表。

统而观之，家谱立传的标准极为相似。具备孝悌忠信、勤政爱民、乐善好施、守节育孤等品德的族人往往都会被立传表彰。我们现在看来，孝悌忠信已经被孝顺父母、和睦兄弟所取代，为亡夫守节的行为已经退出历史舞台。在丈夫死后，选择独自抚养儿女、照顾公婆的女性会被人们尊为道德典范，选择再次改嫁他人也不会受到社会的非议。

13. 宗规家训

宗规家训，可称为家规、家训、家箴、族规、祠规、规约。所涉内容之广，可分为修身、齐家、忠君、敬祖、守教等方面。其中一部分为规约，族人必须遵守，如有违者，则当以家法制裁。另一些则为训语，主要为劝诫的内容，即教族人为人行世之理，这部分通常称为家教。还有一部分为庙规，也叫家礼，即家族祭祀的礼仪，如祖庙、祠堂组成，祭祀规矩、程序，婚丧之礼等。该部分是封建伦理道德在家谱中的集中表现。

14. 祠堂、祠产、祖茔

记录家族祠堂的历史与现状、规制、神位、世次，以及祠产、义庄、义田、祭田的管理与祖茔及墓地的分布和方位等。

15. 先世考辨

先世考辨主要叙述的是家族的历史沿革，如获姓始末，始祖、支派、

▲ 曲阜孔庙

迁徙、分布等情况。尤其是本支的迁徙、定居的历史与各支的外迁史，以及一些同氏、同宗的考辨等。

16. 志

家谱中另一项较为重要的内容，多为家族中专门资料的汇集，如科名、节孝、仕宦、封赠、宗才、宗行、宗寿、族内学校、学产、历代祖屋、祖茔、祖产分布等等。此为明清家谱取法于史书中之"志"。

17. 杂记

其他类不收或遗漏的内容均在此处阐明，多为本族的一些专门资料，如男女高年、争讼、田产、茔地的契约、合约、合同、诉讼文书等，范围非常广，内容却很杂。

18. 艺文

艺文，也称为文苑、文献、著述，收载的均为本族前人的著述，其内容包括各种家规、家训、家范、行状、墓志、诗、文、简、帖、奏疏等内容。有的全部收入，有的仅列其目录。

有的时候，人们也把族外之人与本族人士往来的文字收入家谱。

墓表、墓志铭与行状的内容极为相似，在记述逝者的祖先、妻妾与子女的同时，还赞颂逝者的事迹、品德等。

以《定阳张氏族谱》所收录的艺文为例，张氏族人善于商业经营，在帮助乡邻、建修庙宇、捐献军饷、修葺防御工事等方面，用心颇多。

把家族中重要人物的影像、文字、事迹等内容收入家谱，一方面可以让后世追忆前辈的音容笑貌与不朽的功业，另一方面也可以为后世树立效法的楷模。

19. 五服图

五服是封建社会家族法规的一大重要依据，许多家谱后附有五服图，旨在让族人了解与重视。

20. 修谱姓氏

修谱姓氏包括两个方面的内容，即领衔编纂人姓名与捐献经费人姓名，这些人名均列在谱末。

21. 余庆录

家谱修成之后，末尾会按例留几页空白，上书"余庆录"，有子孙绵延之意。这既是为了方便新生的族中孩童可及时被录入家谱，更多的则是象征子孙绵延不绝之意。例如，1935年编写的《东莱赵氏家乘》就在全书的最后留存下五页空白。

22. 领谱字号

领谱字号的设定是为了以防家谱外传，通常家谱后面都有顺序号，然后登记注册，某人领某号，定期抽查。领谱字号专门记载家谱的编号、印谱的总数、分发各房谱数及领谱人的名字。

领谱字号与字辈排行不同。例如，有的家族摘录《千字文》中的文字作为领谱字号。如徽州环川詹氏璁公房的领谱字号为"大清光绪皇帝著，雍阊茂之年，创修璁公支谱，旧章敬率，前贤所愿，人文蔚起，丁族繁盛，重镌"。其中，"大清光绪皇帝著"几字为平石公、景芳公、柏山公、大川公、前川公、洪源公、孟英公几家祠堂领取。

其余字号分别对应56家领取记录。这个领谱字号表明詹氏支谱共发出36副62本。也有一些家族选用诗词作为领谱字号。例如，有某家谱就用"春游芳草地，夏赏绿荷池，秋饮黄花酒，冬咏白雪诗"作为领谱字号。

此外，还有一些家族在散谱时，会加盖防伪标记。以《孔子世家谱》为例，衍圣公府在散谱时，有严格的规程。交回旧谱之时，本族的族长要在其上加盖印章。《孔子世家谱》的印刷颜色也有所不同，朱印本由衍圣公等珍藏，墨印谱则分发给众人。在分发族谱时，还要在谱本上加盖印章。衍圣公、族长、县令等人都可以领谱，孔氏后辈每户一本。

23. 谱名

家谱命名通常是在家谱之前加上姓氏、地名、修次、郡望等内容，如《汾湖柳氏第三次纂修家谱》，谱名上就有地名、姓氏、修次。

以《黄县太原王氏族谱》（宣统版）为例，其封面上写明本谱由发源于太原的黄县王氏族人续修，重修时间为宣统己酉年（1909年）。其中，黄县是地名，太原王氏则是堂号。而合阳刘氏于民国三年（1914年）重修的族谱直接将其取名为《刘氏族谱》，也在封面上写明了重修时间，还写明了此为宗祠藏版。

又如，《六修严氏家谱》仅有修次与姓氏；也有一些家谱将家族迁移的情况也标注在谱名之上，如《锡山过氏浒塘派迁常支谱》，即由无锡迁至常州的过姓浒塘支系的家谱；还有一些则标注上具体的住处，如《毗陵修善里胡氏宗谱》，标注出毗陵（今江苏武进）修善里，以区别同县同姓的家族。

此外，一些家谱在修成之后采用了一些特殊的、有一定寓意的名称。如清代初年容华渚修成华氏家谱五十四卷之后，并没有按照一般的惯例来命名，而称《华氏本书》，看了此书的凡例才知道，取此名称是为了正本溯源。清光绪年间，钱日煦修成家谱十卷，名曰《吴越钱氏清芬志》，此名取于两晋时陆机《文赋》中"诵先人之清芬"之意。民国时期，袁镛修成家谱《数典不忘》一卷，谱名为反对《左传》中"数典忘祖"之意。这类取名方式并不多见。

此外，一些家谱之中还有一些特殊的内容，如某些家谱专设义谱一类，收入族内各支所收异姓养子、义子的世系。有些家谱中收录有家族中重要人物的年谱资料等等。近代一些家谱后面，有的还附有一些统计图表，如人口等。

以上所说的为家谱的各种格式，并非每部家谱都完全具备，由于时代、地域、家族的差别，所修家谱的详略程度也会不同。

■ 纂修、捐资人名

家谱续修完毕后，一般会在卷首或卷尾专门登载主修、纂修、倡修、同修、采访者、捐资助修者的姓名，以示表彰。一些家谱也会对

▲《孔子世家谱》（新版）

捐资较多之人增加描述篇幅，也有的家谱会为他们立传。

在《黄县太原王氏族谱》（宣统版）中，曾两次提到修谱者的名字。

乾隆年间，共有32人参与续谱。其中，王中山、王如珍为总负责人；王有先、王克开等8人负责采访与联系宗亲；王克登、王行居、王嗣益等8人负责编次；王挥如、王颐2人负责监理；王克灼、王仁庵等4人负责校对；王直轩、王玉禄等6人负责誊写。从人员分配上面来看，采访与编次是续谱中非常重要的工作。在此次续谱期间，十二世王如珍、王颐等27人捐款；十三世王克淳、王克壮等51人捐款；十四世王人风、王世治等27人捐款；十五世王敷吉1人捐款。

嘉庆年间，共有32人参与续谱。其中，王谷音为首事，王庭百、王敷灵等6人负责监理；王厚九、王大醇等10人负责采访；王敷珍、王畏亭等4人负责编次；王南薰、王星渠等4人负责校对；王大钰负责校正；王在青、王揆百等4人负责校阅；王基作等2人负责誊写。看来，此次续谱把采访作为重中之重。

在其他家族续谱时，往往也包括管事、监理、采访、编修、校阅等。

▲ 黄庭坚画像

乾隆年间，在续修《孔子世家谱》时，衍圣公府设立的组织机构包括鉴定、监修、提调、编次、掌收、校阅、誊录、暂刊、收发与供应等。

总而言之，将续谱、捐资的人名纳入家谱，既可彰显他们尊族敬宗的可贵精神，又可为后世子孙树立榜样。

■ 续　谱

续谱在家谱的整个修纂工作中占据了极为重要的位置。为此，我们在本书中单列一节，以引起社会之重视。

在我国历史中，很多皇帝都比较关注家谱的续修工作。顺治皇帝指出续谱的目的在于强化孝悌思想，妥善处理长幼、尊卑之间的关系，加强家族内部的联系，教育晚辈明礼、守礼，改良社会之风气。近代中，孙中山、毛泽东、周恩来等革命领袖都对家谱的作用给予了肯定。

关于续谱的方法，黄庭坚提出，世间的家族，都要靠家谱来载明宗支的来历和传承。随着世系繁衍，子孙越来越多，如果不续谱，就不能相互接洽，也无法辨明昭穆。所以，修谱时，务必要清楚明白，载明某祖来

▲《洪洞韩氏家谱》（现代）

自何处，某祖迁徙至何处。要做到来龙去脉清楚明白、互相印证，方才算是家谱。欧阳修说，如果一个家族有谱牒，那么人人都知道自己的祖先是谁，就会尊奉祖宗。如果能够尊奉祖宗，就会爱惜自己的身体。如果爱惜自己的身体，就会修身慎行，不会肆意妄为。所以，续谱必先从昭姓氏、叙昭穆、明亲疏、辨异同入手。在续谱方法上，欧黄谱法可以算是谱论中的经典了。

清代学者章学诚认为，历史有很多种，有天下之史，有一国之史，有一人之史。年谱就是一人之史；家乘谱牒，则为一家之史；而部府州县所作的地方志，就是一国之史了。假如总体记述一个朝代，就是记载天下的历史了。

随着时间的推移，老人去世、孩子出生、人员迁移等情况时有发生。这些情况都要反映在家谱的续修中。家谱的续修有明显的时间要求，例如，有的家族规定：30年一小修，60年一大修。以山西洪洞韩氏为例，从明代成化二年（1466年）至清代咸丰七年（1857年）的近400年中，韩家总共9次编修家谱。从续修频率来看，洪洞韩氏家谱的续修算是比较频繁的了。

再以新泰刘氏为例，该家谱一般50年左右续修一次。在现实中，这些规定往往很难得以落实。例如，《孔子世家谱》的续谱时限为60年。但在1957年续修完成之后，于2009年完成新的续修。

■ 避讳与谱禁

人们对避讳的意识，最早大约出现在两三千年前的周代，秦朝时正式被确定下来，避讳之举盛行于唐代，最严格的是清朝的康雍乾时期，读书临文，皆须避讳，若有违犯，定严惩不贷。除君王名讳的本字及读音相同或字形相近的字须避讳之外，外戚、异国主与大成至圣先师孔子的名字以及父祖等尊者的名字也须避讳。避讳的方式通常是改字、改音、缺笔、空字与写"讳"字代替等。这种特殊的文化现象，一直贯穿在辛亥革命前人们的日常生活与历代流传的文献之中，作为古代文献之一的家谱当然也不能例外。

东汉时期的《孙叔敖碑》和《赵宽碑》，在行文中对所叙人物，大部分称字而不称名，这是汉代人避尊者讳常用的一种方式。汉代以后的一千多年里，修谱时一般需要注意技术处理的仅仅是避讳问题。但到了清代，情况有所改变，修谱时，不仅需要注意避讳，而且政府还对谱书的内容、格式有了一些具体的要求，一些内容被严格禁止，不容违背。这就是人们通常所说的"谱禁"。

对私人纂修的家谱进行干预，最早发生在清乾隆二十九年（1764年），这一时期，江西境内大量出现合族建祠的现象，几个原本没有关系或关系不大的同姓家族，在省城或府城合资建立一座祠堂，供奉他们认为的共同的祖先，借以敛财，致使祠产纠纷不断。同时，受当时风气影响，各家族在纂修家谱时大多远攀古代君主作为本族的祖先，人人以华族帝胄自居，行文中时常出现一些僭越之词。此情况引起了江西巡抚辅德的注意，根据他的表奏，乾隆皇帝要求各地地方官员对所辖地区的家谱内容进行审查，并明令禁止不准在省城、府城内合族建祠。原本清朝初年的顺治、康熙、雍正三代帝王出于维护封建统治的需要，均是鼓励各家族纂修家谱的，他们想通过以弘扬宗族伦理来与宗睦族、联络疏远，达到稳定社会秩序的目的。但最终出现的一些危害竟到了不得不采用政治力量进行干涉的地步。

清代谱禁的内容主要表现在以下几个方面：

第一，祖先名字若犯了庙号、御名、亲王名直至孔子名讳的，皆改用同音字以避之。当然，避讳也不是仅仅针对一般人家的，即使是皇帝家谱玉牒，写到皇帝名字时也要避讳，或用一块黄绫盖住名字，或仅写庙号、谥号。

第二，在追考祖先之时，不准妄自攀援，只能以五世祖为始祖，或以带领全家或全族迁至当地的祖先为始祖。清朝只有皇家是最为高贵的，其他百姓均为治下子民，如果攀附到几十代上百代之外的祖先也是皇帝，以帝族自称，岂不扰乱秩序，引起混乱。有了这项规定，一切普通人家最多也只能是豪门世家，祖先也是子民，现在仍为子民，安然处世，不生邪念。

第三，谱书结构上不能出现"传赞""世表"之类的名目，以符合庶民身份。世表、传赞等是史书体例，世表在史书中只能用于皇亲国戚、达官显贵，传赞也不是庶民之家所能使用的。为此，"世表"一律改为"世谱"，"传赞"取消。同时，谱中还不准刊载祖先的画像。此外，对于明代以来家谱中经常采用的只用以形容古代帝王诸侯的词语，如"始迁"为"开基"，"置业"称"创业"，"造屋"称"启宇"，"复兴"称"中兴"等僭越之词，一律恢复原称。

第四，谱书的行文中如果出现清代的年号，须换行抬一格写，有时考虑到不断换行，太浪费纸张，也可采用在本行空一格再写，以示尊崇。行文中若出现晚明的年号，一律删去，换算成清朝年号或明唐王某年或桂王某年。

此外，文人惹祸全在笔端，因此，对于家谱中艺文类的文章要严格审查，只要出现违碍文字，一律抽改，更有许多在此时新修的家谱，干脆取消这方面的内容，以保万全。

在谱禁严格的年代，许多家族在家谱修成后，不顾家谱不外传的规定，恭敬地送交地方官府审查。

但宋代以后的家谱，皆由私人所修与珍藏，少有流传出去。再者，子孙给祖先改名，本身就不合封建礼教的道德准则，家谱的序、传、艺文，通常是修谱人用以炫耀家世所书，不容粉饰，据实而言，又何以能够骄人。先人画像原本也是家谱的一大特色，若去掉实在也是可惜的。因此，即使在谱禁最严格的时期，除了一些较为谨慎或有在朝做官的家族严格遵守外，一般家族大多没有严格遵守。嘉庆、道光之后，封建统治者对思想文化方面控制逐渐松懈，再加上全国新修家谱数量的激增，朝

▲ 孙中山先生像

廷已经没有精力或不可能再一部一部地审查所有的家谱，清代的谱禁也随之取消。

■ 面临的挑战

在当今社会，家谱要想获得新生，就必须在观念、编纂方式、保存方式、人才培养等方面进行革新。

首先，在观念上要进行革新。家谱的编纂，应该本着"损益盈虚，与时偕行"的精神，转变家谱编纂是封建迷信和不利国家管理等错误观念，唤起人们对家谱的热情。此外，由于拜金主义的影响，很多人认为家谱无用，没有参与的热情。很多人把家谱视为封建迷信，看作洪水猛兽。例如，在续修《孔子世家谱》时，孔德墉等人在收集资料时，曾经遇到很多困难。有几次，他们历尽千辛万苦找到了孔子某一支的后裔，可是对方并不愿意入谱。也有不少学者发表文章，批判续修家谱为封建迷信。

在为阚钧编修的《合肥阚氏重修谱牒序》中，孙中山先生赞扬"合肥阚氏一族在元朝末年迁居江南。五百年来，阚氏家族的人员逾千。男女皆用心做好自己的工作，人人能够讲道德、有礼貌。天资聪颖的人或读书或练武，不甘做庸碌无为之人。近来，阚氏家族又自办学校，议立族规，纂续谱牒，储集公产。他们的自治精神可以作为社会典范"。可见，在中国的现代化进程中，家谱可以发挥积极作用，家谱的编纂也需要更新观念，增加符合时代要求的内容。

其次，在保存方式上，也要做出革新。传统上，家谱都是在民间由一家一户珍藏。在此之外，新修家谱需要增加档案馆、图书馆等公共机构的存档；在继续采用纸质作为第一手保存载体的同时，还要积极推进家谱的数字化和网络化，提高家谱查询利用的方便程度。

再次，在编纂方式上，要大胆革新。过去的家谱编纂往往以家族为单位，由族长牵头，通过族产、个体认捐和族人摊派等方式筹款。当代的家谱编纂则以民间热心人士和知识分子为主体，通过个人出资和族人捐款等方式来筹措资金。在具体编纂时，执笔者往往是民间知识分子或者教师。

最后，在家谱编纂人才的培养方面，也要有所改进。目前，编纂人才的匮乏是当代家谱编纂遭遇的瓶颈。在农村，年轻人对家谱了解不多，也没有参与编纂的热情。因此，组织编纂的往往是德高望重的老年人。家谱主要是在编纂。一旦老人们百年之后，下一次的家谱续修则会面临后继无人的困境。因此，需要加大培养编纂人才的力度。

此外，又由于前些年计划生育政策的推行，农村出现了少子化，居住方式也由合族共居变成了三口之家。这些都给家谱的编修工作从根本上带来巨大的挑战。

在历史上，家谱曾经发挥了儒学在民间传承落实的功能。今天，我们要弘扬民间儒学，就不能忽视家谱的价值。因此，即使从弘扬传统文化、提升中国软实力的角度看，也应该重视家谱的编纂和保存。

班 辈

　　班辈，又称为字辈，是记载宗族世系人名的派语，又称班行、班次、辈份、辈序、派语、字派、派引、派序、排行、排行歌、排行诗、派行诗、派辈字，鸿排诗、字辈谱等。字辈派语通常是一些有一定寓意的四言诗、五言诗或七言诗。它在研究姓族群落聚居、家族繁衍、迁徙流转、辨析世系、伦理道德、寻根问祖等方面起着非常重要的作用。

第二章
形形色色的家谱

在"家谱"这一大概念之下,又有玉牒、统谱、宗谱、支谱、祠谱等的细分。它们性质相同,收录内容也相似,只是收录范围不同,另外,还有独具特色的少数民族家谱,我国呈现的家谱种类可谓是精彩纷呈。本章详细地为读者阐述每一类家谱的渊源与特色,在阅读的同时,感受浓郁的家谱文化给我们带来的无穷魅力。

第一节　家谱的一般分类

■ 概　述

在浩瀚的历史中，"家谱"曾有很多种称呼，"家谱"仅仅是其中使用频率最高与最具代表性的一种。自古以来，家谱类文献史料还有这些称呼：族谱、族系录、族志、族姓昭穆记、宗谱、宗簿、宗系谱、家志、家乘、家牒、家记、家史、世录、世家、世本、世纪、世谱、世系录、世传、祠谱、谱录、坟谱、会谱、近谱、全谱、通谱、总谱、合谱、统谱、房谱、百家集谱、支谱、枝分谱、帝系、玉牒、本支世系、辨宗录、列姓谱牒、血脉谱、源派谱、系叶谱、述系谱、大同谱、大成谱、氏族要状、中表簿、房从谱、诸房略、维城录等等。

历史所修家谱卷帙之浩繁，绝大部分因年代久远，已归于历史的尘埃之中，对于它们的认识，我们也只能依靠时人与后人的著述来了解，流传至今的和新修的家谱大约有两万余种。这些亡佚与现存的家谱，因为编者的不同，编修目的的不同，还有载体、文字、取材内容等方面的不同，呈现出了不同的形态，编者将之进行了归纳总结。

　　记载家族世系和历史的家谱的民族并不仅仅限于汉族，尽管汉族拥有的家谱数量最多，但在汉族之外其他的一些少数民族中，也存在着类似的史料文献，与汉族使用的是同一语言、文字的回族、壮族、畲族等都有自己民族的家谱；蒙古族与彝族也有本族的家谱。清时因为满人袭爵、入仕都需要有证明自己血统、身份的族谱，因此在少数民族中，满族人的家谱占了很大部分。其他一些没有文字的民族，如苗族、哈尼族、怒族、阿昌族、傈僳族、普米族、鄂伦春族等也都有自己的结绳或口述的家谱。这足以表明家谱的种类不仅有文字记载的，也有口述与结绳的。

　　在使用文字记载的家谱中，因载体与制作方式的不同，又可将家谱分为实物的与书本式的。早期的如商周甲骨、青铜家谱、汉代的石刻家谱等均为实物家谱。在实物家谱中，似乎还应加上简册，这是因为简册是春秋战国以至汉初的主要图书形态，但年代久远，至今还没有简册家谱的实物出土。魏晋南北朝之后的家谱均为书本式家谱，但不同的是有的是手写的，有的是雕版印刷的。家谱书写的载体有

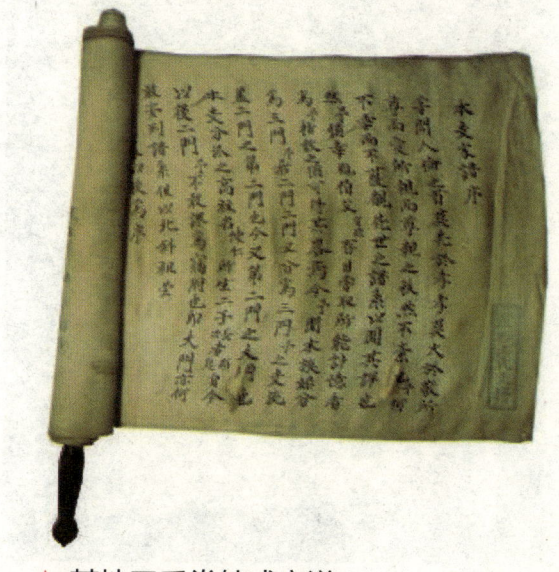

▲ 某地王氏卷轴式家谱

纸张与绸帛，装帧形式也有卷轴装、册页装、经折装、线装、平装、精装等多种。

在已经发现的家谱中，还存在着修订版本的区别，这是因为家族世系一代接着一代地延续不断，记录家族世系的家谱也必须时常或定期续修，以记录延续的世系，如此一来就产生了初修、续修、三修，甚至十几修。后代续修的家谱基本囊括了上次纂修的内容，但由于时代在改变，社会的风气与修谱人的观念也会随之发生变化，这就导致了记录家族历史的侧重点不尽相同，格式与结构也多有不同。如古代重本轻末，商贾在家族中的地位是非常低的。自近代始，社会风气发生了翻天覆地的变化，因经商而致富的人在家族中的地位迅速上升，商贾在家谱中的传文篇幅增加，居于家谱中的显要位置，他们中有的捐出一笔钱给祠堂或以资助修谱，其在家谱中的位置更是显而易见了。

在家谱的发展史中，还存在纂修者的不同。唐代以前纂修者大多为官修，因此修成的家谱多为合谱、群谱，以姓氏谱、氏族志形式出现，将所有姓氏分出等级，依次

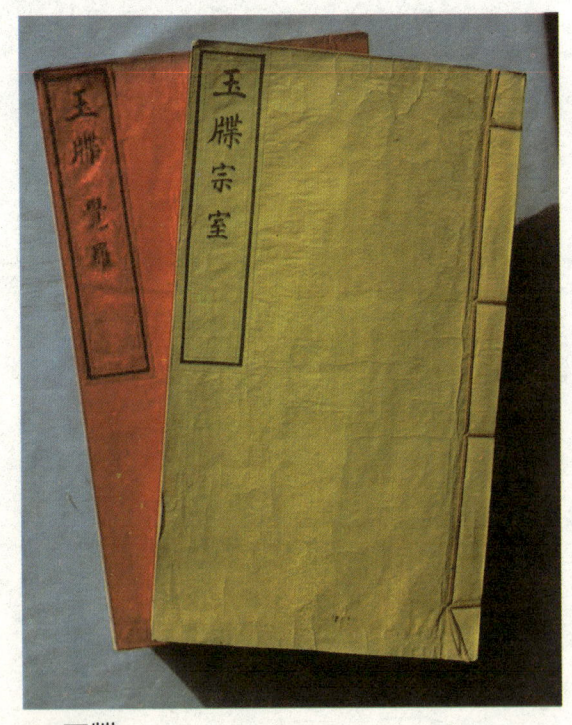

▲ 玉牒

记录世系，由于需要记载的氏族太多，导致记录的内容较为简略、单一，一般以世系为主。宋代之后，家谱由各家族自己纂修，仅记载本家族的历史和现状，因而，就有余力来丰富家谱的内容，家谱的构成也逐渐复杂。宋代以后的家谱因为记述范围不同，又可分为仅记载一个大家族支派世系的支谱和记载一个大家族世系的统谱、总谱，也有一些记载两个同姓不同宗的合谱。其中，专门记录皇帝世系的称帝系、玉牒；记载诸侯世系的称世本；记录普通家族的称为家谱、宗谱或族谱。

在家谱的类型之中，还存在着一些比较特殊的家谱。中国人对后嗣是比较看重的，"不孝有三，无后为大"，无论过去还是现在，通常，一个人若没有后代，便会从本姓或外姓子弟中领养一个男孩。三国时期曹操之父曹嵩，就是从夏侯家被领养至曹家的。从理论上而言，被领养外姓的后代是不能入家谱的，可自己既姓了别人的姓，也要生儿育女，形成家族延续，数代之后，要修家谱，又不能恢复原来的姓，只好将本姓和过继之姓均在家谱名称上列出，如明初时期的《袁朱宗谱》。始祖朱梓本姓袁，后过继给其舅父朱德敏为子嗣，五世之后，子孙在修谱之时向明太祖请求恢复本姓袁，但没能获准，最终只得以"袁朱"命名，此谱至清朝时期共修过八次，均冠以《袁朱宗谱》之名。清道光年间，李召棠修的《周李合谱》，光绪年间何乘势等修的《方何宗谱》等也均属此类情况。

汉代有一种专门记录家庭恩荣情况的家谱——《邓氏官谱》，集中记载了东汉时期大官僚邓禹家族历代宠贵的历史。宋代以后，这类恩荣的内容在每部家谱中都占有比较重要的位置。

在家谱的类型中还有一种专门记录本家族所有庶母的极为特殊的类型。在我国的封建社会时期，妾在家族中的地位是很低的，其姓氏在家谱中通常是不被收录的，除非育有子嗣，方可入谱。尽管如此，内容也是极为简单的，仅有某氏所生子女的人数、名字，庶母的名字是不能被写于其上的。但令人惊奇的是，明朝万历年间，金应宿修有六卷本的专门记录本家族各支庶母的庶母谱——《珰溪家谱外戚篇》，清代乾隆年间所修的《芝英应氏宗谱》后也附有庶母谱，上谱的庶母每人均有小传，内容包括姓名、生卒年、籍贯、父名、子女，葬所，以及懿行、诗文等。家谱是一种被供奉于祠堂，接受族人祭拜的极为正式的家族文献，在这种文献中，正式决定了庶母在封建家族中的地位，不能不引起后人的重视。但是，庶母谱的出现，对于我国传统礼教是个冲击，也是古代封建社会文明的一个重要体现。然而这并未引起较大的影响，后世之中并未再次出现此类家谱。

另外，根据清黄虞稷《千顷堂书目》中记载，洪武年间曾官修过《明主婿》一卷，专门收录明太祖及众亲王所招女婿情况，成为我国古代文献中极为特殊的专记录女婿的谱牒，这种女婿谱在其他文献中尚未见到相关记载。

■ 玉牒

在众多的家谱之中，有一种高贵且特殊的家谱，那就是帝王的家谱——玉牒。

在封建社会时期，以皇家为代表的统治阶层享有政治、经济等方面的特权，而皇族身份则是他们享受特权的凭证。为了防止外人混入皇室，攫取不应得的权利，古代的帝王都会安排专门的机构来编纂皇家的族谱。到了唐朝，唐文宗正式把皇家族谱更名为"玉牒"。

在历史中，皇室玉牒的编纂是由皇家安排专门机构来进行的。皇室成员中，一旦有孩子出生或老人去世，均要上报宗人府，宗人府要做好相关记录，以备编纂玉牒之时作为重要的参考资料。这些资料的积累均是玉牒编成的重要因素。

玉牒记载皇室宗亲的世系，体现了嫡庶之别与血缘亲疏。在商代的甲骨上面，人们已经发现了类似玉牒的内容。到了周代，朝廷设置了专门记录王室世系传承的谱官——小史。在战国时期，各诸侯国都设有专门管理王族谱牒的官员。秦朝设立了宗正，具体管理皇族事务与玉牒的编纂。汉代的宗主往往由皇族来担任，负责根据统计上来的宗室名册纂修玉牒。宗室子弟一旦犯了罪，就会被开除出皇室谱牒，失去享受皇族特权的资格。在三国两晋南北朝时期，皇族谱牒的编纂一直在延续。隋朝设有负责皇室谱牒编纂的宗正卿。

早在奴隶制时期，王室就有了系统记载家族世系的家谱，夏、商、周也是如此，后人曾根据这些王室家谱编成了一部王室、诸侯世系总谱——《世本》。司马迁也据此在他的不朽著作《史记》中创作了本纪十二篇和有关世家、世表、年表。帝王的家谱不管是在奴隶制社会，还是在封建社会都是很受重视。秦朝建立以后，首次设置宗正一职，专事负责管理皇族事务和掌修皇族谱牒，汉朝建立之后，虽有变动，但大致还是沿袭了秦朝的制度，只是两汉宗正官员均由皇族成员担任。三国、西晋时期沿袭汉制，东晋省宗正并入太常，南朝宋齐两代沿袭东晋的制度，梁代恢复宗正卿职位，可由普通的姓氏成员担任，隋朝末年设宗正卿一职。唐朝设宗正寺，五代、宋朝一如唐朝，辽改宗正寺为大惕隐司，金为大宗正府，后因避睿宗名讳，改称大睦亲府。元代恢复为大宗正府，明初设大宗正院，后改为宗人府，清代沿袭明制，设宗人府，职掌一如前代。

历代皇室家谱，均为国家重要机密，极少流溢于民间，因此，历朝历代编纂玉牒的数量已无法统计，散见于后代文献记载的大致有以下几类：汉《帝王诸侯世谱》二十卷，《宋谱》四卷，《齐梁帝谱》四卷，《齐梁宗簿》三卷，《梁帝谱》十三卷，《后魏皇帝宗族谱》四卷，《后魏谱》三卷，《齐高世谱》六卷，《后齐宗谱》一卷，后周有《皇帝谱》和《周宇文氏谱》一卷。

唐朝的皇族谱牒大致可以分为专记"帝籍"的玉牒，专记皇后的皇后谱牒，专记帝系的天潢源派谱，记载皇子皇女的谱牒和记载整个皇族的宗室谱等五种。五代后梁有《天潢源派》二种。宋代的皇族谱牒亦分为玉牒、属籍、宗藩庆系录、仙源积庆图、仙源类谱五种。金有《金重修玉牒》，明有《玉牒》《天潢玉牒》《明宗支》《明主婿》《大明宗谱》《大明谱系》等，清有《玉牒》和《星源集庆》。但唐以前的所有玉牒均已散佚，宋代皇帝家谱《天潢玉牒》《仙源类谱》《宗藩庆系录》仅有残册存世。明代玉牒也仅有《四库全书》"存目"中著录的《天潢玉牒》一卷，为明太祖历代世系，以编年为序，止于永乐年，专记皇室世系，包括皇后、太子、诸王的谥号、封爵、生卒等内容。

唐宋时期的玉牒的编纂更为完备，种类也较以前丰富。828年，唐文宗把皇室谱牒赐名为玉牒。唐代出现了专为历代皇后、公主、王孙等编纂的专属谱牒。在宋代，玉牒不但记录皇帝世系，而且记载本朝的大事与皇后事迹等内容。明代还出现了专门记录驸马的《明主婿》。

清朝的皇室在编纂玉牒时，有宗室玉牒与觉罗玉牒的区分。前者记录的是从清太祖努尔哈赤的父亲塔克世算起，直系子孙的后代为大宗，称为宗室。而塔克世的兄弟及叔伯兄弟的子孙即为小宗，称作觉罗。清代皇室的玉牒是唯一保存得最为完整和最为系统的皇室家谱。据统计，中国第一历史档案馆现存清代各类玉牒达两千六百余册。

在清代初期，玉牒都是用满文来书写的。雍正时期，玉牒用满汉两种

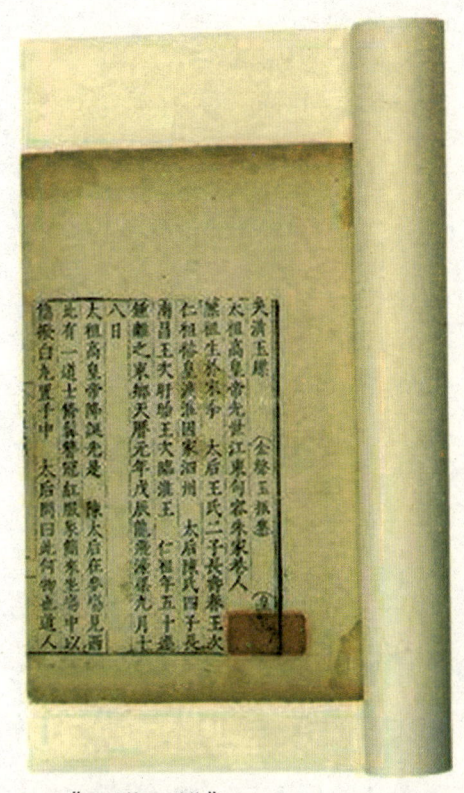

▲《天潢玉牒》

文字书写。嘉庆年间，横格玉牒只用汉文来书写。玉牒修完后，要抄录三份，一份交由皇帝御览，并藏之皇宫，在另外两份中，一份交宗人府收藏，一份交礼部收藏。乾隆二十五年（1760年）之后，玉牒只抄录两份，一份在皇宫珍藏，一份送回沈阳故宫珍藏。

清代玉牒是入关以后才开始编修的。清世祖顺治十二年（1655年）规定，皇室玉牒每十年纂修一次。顺治十八年（1661年）正式开始纂修。纂修的组织工作由专门负责皇族事务的宗人府承担，每次纂修均首先由宗人府提请"钦命"，允准后由专门开设的玉牒馆具体实施。玉牒馆是与方略馆相类似的非常设性临时机构，通常修谱开馆，谱成即撤，由于清代规定玉牒十年一修，玉牒馆也就十年一开。玉牒馆的正、副总裁由皇帝从宗人府宗令、宗正和满汉大学士、礼部尚书、侍郎、内阁学士中挑选，另委任大学士一人任领催，负责玉牒馆与皇帝间的联系。以宗人府丞担任管校官、提调官，纂修官则由宗人府中理事官和满汉主事、内阁侍读、翰林学士及礼部司官担任，有时人数多达五六十人。玉牒修成之后，进呈皇帝，皇帝阅后认可，抄写副本，分送各处，同时，议叙、封赏与事人员，玉牒方告修成，玉牒馆撤销。十年续修时再援前例，修完即撤，每次纂修均斥巨资。

与民间家谱纂修不同，民间家谱的续修是在原本基础之上，增加新的资料，重新增删，修成一部新谱。新谱、旧谱，详略不一，同时并存。而玉牒的续修，旧本不动，另作新谱，每次续修，均将前谱再抄一份。新谱完全包括了旧谱的内容，可以取代旧谱。

清代的玉牒，从编排方式上，清代玉牒有横格玉牒和直格玉牒之分，横格表示支系，直格表示辈份，二者在内容上详略不一，编排上各有所长。

横格玉牒不录女子，分为宗室子孙横格玉牒与觉罗子孙横格玉牒两种。其基本形式为每页十三行横格，每格代表一个辈份，辈份最高者写于卷首第一横格，其子孙后代依辈份递降，内容极为简单，只有入谱人的名字、宗支、职衔、房次、封爵、有无子嗣、生卒年月日时。宗室横格玉牒不记录皇帝本人情况，皇帝及其直系子女，单独编成帝系玉牒，按照辈份，每代皇帝及其皇子为一页。此外，在宗室横格玉牒中，还有一种单用汉字写成的被称作"星源集庆"，专门记载乾隆以后各代皇帝的子女后裔情况，初修于嘉庆二十二年（1817年），由皇帝亲自题签。

直格玉牒，也称作竖格玉牒，每页十六行竖格，原则上每辈修一册，男女分开，也有几代合订成为一册的玉牒。直格玉牒分为四种：宗室子孙直格玉牒（也称列祖子孙宗室竖格玉牒）；觉罗子孙直格玉牒；宗室女孙直格玉牒（也称列祖女孙宗室竖格玉牒）；觉罗女孙直格玉牒。格式大同小异，一般一到二格记录一人。男子玉牒的内容包括姓名、授职、封爵、生卒年月日时、享年、生母姓氏、妻妾姓氏及岳父姓名、职衔、子女、所授奖惩等，皇子还有封谥等情况。有关皇帝的记载非常详细，除上述各项外，还包括被立为皇太子的年月、即位时间、谥号、庙号、生母姓氏及徽号以及后妃的晋封状况。由于皇帝后妃非常多，无法全部载入，因此，道光十七年（1837年）之前，后妃生有子女方准载入玉牒；道光十七年以后，皇后不管有没有子女，均被载入玉牒；皇贵妃位阶以下生有子女者载入，无子女者概不收录。

女子玉牒的内容比男子玉牒要简单，只书生卒年月日时、享年、生母姓氏、外祖父姓名、职衔、成婚年月及夫婿姓名、官衔，不书其名，只写某某第几女，有封号者则将封号署于其下。

在内容上，有宗室玉牒与觉罗玉牒之别。顺治年间，清代皇族从太祖努尔哈赤的父亲显祖塔克世算起，其直系子孙后代为大宗，称"宗室"；显祖的兄弟及叔伯兄弟的子孙后代（兴祖、景祖的后代）为小宗，称"觉罗"。宗室、觉罗是有区别的，宗室腰间束黄带子，俗称"黄带子宗室"，觉罗腰系红带子，俗称"红带子觉罗"。这一点反映在玉牒上，宗室玉牒是黄色封面，觉罗玉牒是红色封面，以示区别。无论是宗室还是觉罗，男女均分别载于不同名称的玉牒之中。

清代前期的重要文书均是用满文书写的，玉牒也不例外。有关皇帝的家系和生辰八字，属于最高机密，不能被汉人知道，因此参与纂修者只能是满人，故清初顺治、康熙两朝所修玉牒只有满文一种。雍正元年（1723年），方才准许汉官参与。因此，雍正之后纂修的玉牒，由满汉两种文字写成，其格式、内容完全相同。嘉庆之后纂修的横格玉牒"星源集庆"，却是只用汉文。

清代编修玉牒有用的资料来源于日常积累和撰写时的收集。平时，宗室和觉罗成员定期要向宗人府报告其家庭状况，包括本人名字、父

▲ 玉牒馆

祖世系、子女嫡庶、生卒、婚嫁、官爵、谥号、承袭顺序、秩俸、差遣等。清初规定，宗室、觉罗新生子女，由各旗首领等查点清楚后，每年正月初十日前造册报宗人府，一年一次，宗人府分别载入宗室黄册和觉罗红册，以备纂修玉牒时使用。后因皇族人口剧增，一年一次已不能满足，乾隆二十九年（1764年），改为每三个月报告一次。还规定，凡生子不报，以有作无，或本无子嗣，抱养而来以无作有者，一经发现，除本人要被治罪外，连负责官员也要一起问罪。嘉庆中叶迁回盛京的皇族，每十年须向北京宗人府造报一次宗室、觉罗辈分支派清册。居住盛京的皇族载入玉牒时，均须在人名旁注上"盛京居住"字样。

清代玉牒，规定十年续修一次，但在康雍两朝，不是等十年后再修，而是到第十年就要续修完毕，实际只隔九年。乾隆朝才改成过十年续修一次，可是，乾隆七年（1742年）重修完毕后，理应十七年再修，但事隔五年，于乾隆十二年（1747年）又提前重修。清朝灭亡后，溥仪小朝廷又于1921年修了最后一次。因而，自顺治十八年第一次纂修玉牒始，清代一共纂修了28次玉牒。

玉牒修成之后，清朝初年抄写三份，一份"进呈御览"，皇帝审阅之后，藏入宫内皇史宬，另两份则分送宗人府与礼部恭贮。乾隆二十五年（1760年）改为抄写两份，一份仍存入皇史宬，另一份原送礼部的改为送回盛京故宫内敬典阁恭贮，每一份均是满汉两种文字，宗人府仅存稿本。整个送贮过程是非常隆重的，在钦天监择选吉日，玉牒馆官员在总裁带领下，身着朝服，对玉牒行三跪九叩首礼，然后由宗人府与礼部组成的仪仗队送至皇宫内，由皇帝亲自审阅，文武百

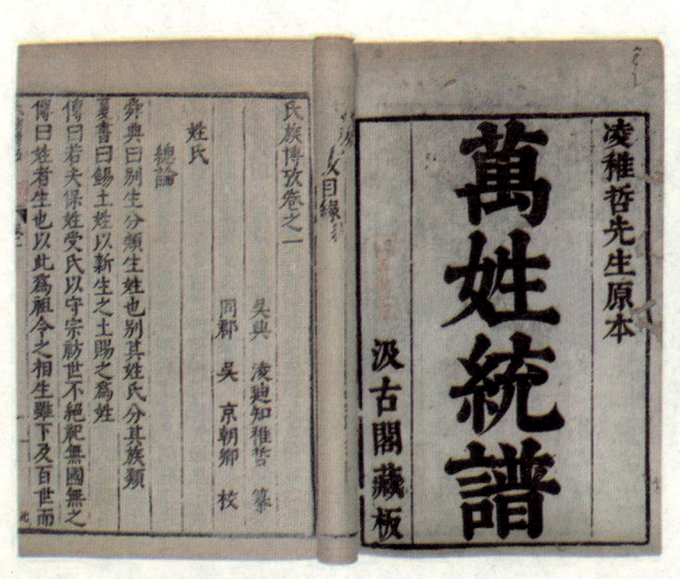

▲《万姓统谱》书影

官于午门外跪迎，皇帝审阅完毕后，由太监捧出，再由机要大臣护送至皇史宬。送至盛京的玉牒，除出京时仍有上述这一套礼仪外，玉牒所经之处，各地方官员均要迎送，出山海关之后，由盛京的将军派人专程迎接，玉牒到达盛京，当地官员均须穿朝服出城跪迎，然后送至盛京故宫崇政殿陈设，再移至敬典阁恭贮。

■ 统　谱

统谱，又称统宗世谱、大成谱、总谱等，其包括同姓统谱与异姓统谱。同姓统谱是记载某一姓氏世系流变的谱牒，如张氏统谱记载的就是张氏一姓的由来与传承。在明代，囊括各地宗支于一部谱牒的统谱开始出现。如，张宪、张辉阳二人就在明朝嘉靖年间编修有《张氏统宗世谱》，记录了张氏一姓的由来与变迁。

异姓统谱，又叫万姓统谱，是尽可能多地记载中华各姓氏的世系流变的谱牒。如明代凌迪知编修的《万姓统谱》即是异姓统谱的代表，谱中提出了中华万千姓氏都源于黄帝的说法。这一观念影响很大。明清时期，在编修家谱时，各家族都会从始迁祖开始上溯至黄帝。

■ 宗　谱

宗谱记载的是同一祖先之各支系的完全谱牒。为此我们也可以认为宗谱是同姓统谱的二级组成部分。例如，民间家谱之最的《孔子世家谱》即是宗谱的代表之一。它是唯一能使用"世家"这一诸侯才能使用的名号的宗谱。

孔子是殷商时期子姓的后裔。作为孔子后裔的孔家自称为"内孔"或"真孔"。在非孔子后裔的孔氏中,既有企图混进圣裔获得免税等待遇者,也有衍圣公府奴仆孔末的后代。

提起孔末,就让我们想起"孔末之乱"。这是一个发生在五代十国时期跌宕起伏的故事。孔末的先祖孔景,是南朝刘宋时期住在孔林附近的五户人家之一。公元442年,皇帝下令免去孔林附近五户人家的徭役,要求他们以打扫孔林代替徭役。孔景就在其中。到了唐朝末年,孔子后裔人数逐渐增多,但大多居住在别处,定居在曲阜的人并不多。孔子第四十二代嫡长孙孔光嗣未能继承早就由唐玄宗设立的文宣公职位,只是被任命为泗水县令。

公元913年,孔末趁着天下大乱之时,带领歹徒将居住在阙里的孔氏家族全部杀害。之后,他又率领歹徒赶去泗水,将孔光嗣杀害。孔光嗣的家产与地位都落入了孔末之手。此后,孔末便自称是孔子后裔,遂主持祭祀孔子的诸多事宜。孔光嗣的独生子孔仁玉因为被母亲带回娘家而幸免逃过此难,但孔末并不知道孔仁玉其人。

公元930年,有人向朝廷举报孔末杀害圣裔、夺取官爵的罪行,并称孔光嗣的独生子孔仁玉尚在人间。唐明宗李嗣源派人前往曲阜查证,发现那人举报属实,于是就处死了孔末。孔仁玉被任命为曲阜主簿,主持祭祀孔子。公元933年,孔仁玉袭封文宣公。孔子家族历经磨难,又呈兴盛景象。为此,孔仁玉也被孔氏后裔尊称为"中兴祖"。

孔氏家族把编纂家谱视为一件重大的事情，"详世系、联疏亲、厚伦谊、严冒紊、序昭穆、备遗忘"是编纂家谱的目的。编纂家谱还可以清查与防止"外孔"乱宗之事。

北宋以前，《孔子世家谱》也叫《孔氏家乘》，上面只记载了世袭奉祀的宗子的名字。公元1085年，孔子的第四十六代孙孔宗翰组织宗亲深入收集资料，创修孔氏家谱。这是孔氏家族的第一部家谱，此家谱将本族嫡系与支庶一并收入，正式刻版印刷。后来，孔氏家族逐渐形成了"六十年一大修，三十年一小修"的续谱族规。《孔子世家谱》的第五次大修开始于1999年，历时十年时间，完成于2009年。在此次编修的过程中，女性族人、少数民族、外籍孔子后裔首次可以收录入谱。

■ 支谱与房谱

同一始迁祖到某地开基后，他的每个儿子的后裔都可以称为一支。支谱则是某一始祖的每个儿子之后裔世系流变的谱牒。支谱又叫房谱，二者差异不大。以桃源文氏为例，共分为五房，分别是南大房、东二房、西三房、中四房、北五房。光绪年间续修桃源文氏家谱时，五房各自续修了本房的房谱，又共同续修了合族的家谱。

关于房谱、支谱与合族共谱的关系，文氏族人认为家谱记录了桃源文氏全族的大纲，而支谱则记录了某一房的详细情况。用衣服打个比方来说，家谱就像是衣服的领子，而支谱就像是衣服上面的纽扣。

如果用房屋来作比喻，家谱就像是房屋里面的梁柱，而支谱就像是房屋的门和栏杆。支谱并非纠缠于细枝末节，而是详尽记录实际情况；家谱并非粗疏，而是努力探究文氏族人的源流。所以，没有家谱，不能把桃源文氏五大房联为一宗；没有支谱，则不能拾遗。

知识链接

晒　谱

　　晒谱主要是防止家谱发霉与损坏。在江南地区，到了农历六月，已是梅雨季节，进入了一年之中最热的中伏天气。古时，人们将六月六称为"晒谱节"。这一天，南方很多地方都会将家谱请出进行晾晒。

第二节　少数民族的家谱

■ **概　述**

　　我国是一个多民族国家。早在远古时期，各民族的祖先就在这块广阔无垠的土地之上繁衍生息。黄河中游一带居住着汉族的祖先华夏族，各少数民族的祖先则散居在四面八方的沃土之上。中华民族五千多年的文明史，就是各族人民相互往来、交流、融合、同化，共同促进社会发展，创造繁荣文化的历史。

　　如今，我国共有 56 个民族，汉族人口约占全国总人口的 91.51%，主要居住在黄河、长江、珠江三大流域与松辽平原，其余 55 个少数民族人口虽只有全国人口的 8.49% 左右，但却居住在占国土面积 50%—60% 的土地上。在这 55 个少数民族之中，除壮族、回族、畲族和大部分满族使用汉语之外，其余的民族共使用着超过 60 种以上的民族语言。由于各民族间经济、文化的不均衡发展，一些民族拥有自己本民族的文字，另外一些民族则使用着其他民族的文字，或仍处于口传、刻木

▲ 我国是一个多民族国家

与结绳的记事时期。

　　我国的少数民族与汉族一样，都有着敬祖睦宗的传统。因此，在长期的历史发展过程中，也相应地形成了相当数量的家谱文献。与汉族家谱均为单一使用汉语记录不同的是，各少数民族由于社会发展状况的不一致，他们所形成和保存至今的家谱形态是多种多样的，归纳一下，大致可分为无文字记录的口传家谱、实物家谱与文字家谱三类，每一类都有与其他类不同的部分。而实物家谱又可细分为刻木家谱、结绳家谱与其他实物家谱等多种家谱；文字家谱也可分作使用本民族文字记载的家谱、使用其他民族文字记载的家谱、使用汉文字记载的家谱和使用两种文字对照记载的家谱等，并且每一种家谱内容的繁简程度也不一。同时，由于各少数民族的规模、人数与在中华民族发展过程中所发挥作用的不一样，因此，形成的家谱数量及留传与保存的程度也不一。

满族家谱

在现存的少数民族的家谱中,以满族家谱的数量最多。满族作为我国最后一个封建王朝的重要民族,享有非常多的特权,同时也有荣耀的家世与祖先值得记录在册,因此,满人修家谱的现象不论在清朝还是在民国,都是非常普遍的。从满族现存的家谱来看,满族人使用文字修谱,大约是从入关之后,即清朝政权建立后开始的,此前,从现今保留的一些满族风俗来看,满族似乎存在着类似结绳的实物家谱。一些学者认为,在现今东北的一些满族居住地,满族人家所供祖宗板右边佛托妈妈位置上索子口袋中的索绳即是这种原始的结绳家谱。

鄂伦春人在使用满文记事之前,一直使用结绳记事,其中也包括使用绳结来记录自己的世代,形成结绳家谱。据有关材料记载,鄂伦春人的结绳家谱多用马鬃绳，一代一个结，平时悬挂在房梁正之中。

在现存的满族文字家谱中，有仅使用满文的，有满、汉两种文字对照的，也有仅用汉文的。从形成时间上来看，清朝乾隆之前以纯满文居多，清中期以后开始出现满、汉文对照，道光以后，汉文逐渐取代满文成为满族文字家谱中主要的书写文字。文字家谱的流传形式有木刻本、活字本和近代排印本，更多的是稿本和抄本。现今存世的满族家谱数目，至今还没有人进行过全面的调查、统计与系统收藏，即使是作为国家图书馆的北京图书馆也仅藏有汉文八旗谱19种，满文家谱21种。但从辽宁大学历史系自1983年以来对辽宁、吉林两省所存满族家谱不完全调查所得就有500余种来看，全国存世的满族家谱当有千种以上，其中私藏多于公藏，绝大部分分散收藏于个人手中。

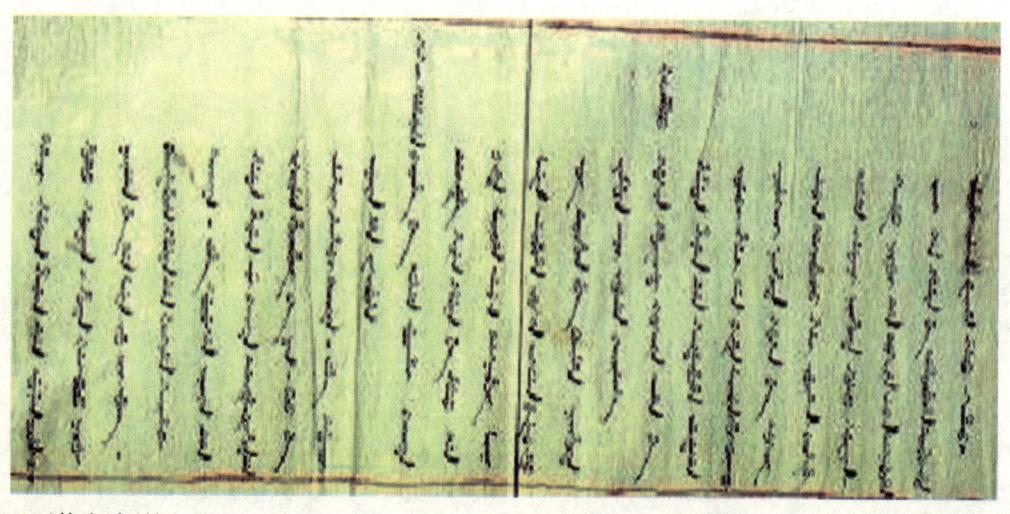

▲ 满文家谱

一般认为,满族的文字家谱是入关之后方才开始修撰的,修谱之所以会成为一种大规模的普遍行为,是由满族内部实行的八旗制度决定的。在八旗制度中,家谱是官职承袭和人丁身份、地位的主要证明的重要凭证。早在努尔哈赤之前,居住在东北地区的满族是由无数个"穆昆"(即氏族)组成,彼此间互相攻伐不已。努尔哈赤崛起以后,以穆昆为基础,将普通穆昆改变成为带有军事性质的社会基层组织"牛录",牛录的佐领(首领)通常由穆昆达(族长)担任,佐领分为勋旧佐领、世管佐领与公中佐领三种,其中勋旧佐领与世管佐领可以世袭。此外,八旗中还有一些有功人员担任的官职也是可以世袭的。这类家族世袭官职早期是由各家族收藏的皇帝颁发的敕书来证明,后来,这种可世袭的荣誉被载入家谱,凭证也就由家谱来承担。从现今大量保存的诸如"雍正朝八旗佐领袭职缘由宗谱"和其他有关申请袭职的奏折中都可清楚看到,这类文件在叙述完申请袭职缘由之后,都会附有申请袭职者的家族世系来证明其所申请之不谬。这种附在申请袭职奏折之后的家族世系,实际上就成了满族文字家谱的一种早期形式。同时,在八旗制度中,各类成员的身份与地位基本是固定的,不能随意变更,这种固定关系也是通过家谱来维系的。家谱,在某种程度上又成了表明旗内人丁身份的依据。此外,从世祖顺治十八年(1661年)开始,皇室连续不断地编修自己的家谱玉牒,加上世宗雍正十三年(1735年)敕修,历时十余年,于高宗乾隆九年(1744年)方告修成的《八旗满洲氏族通谱》,都对满人修谱产生了积极影响,

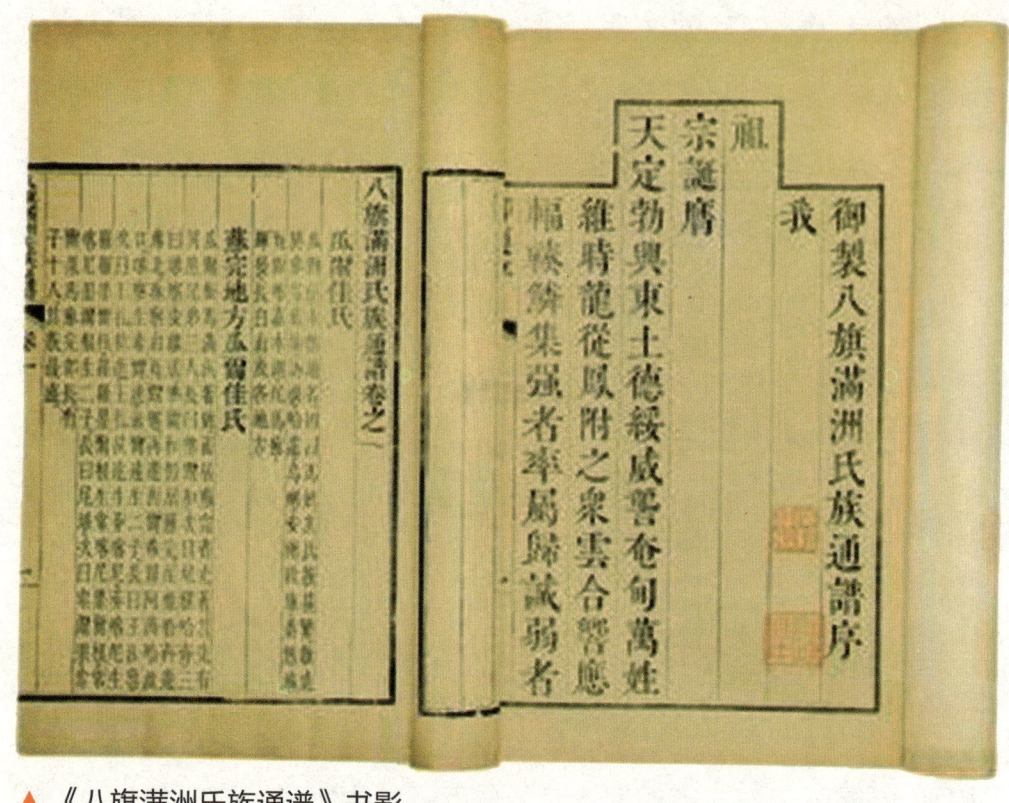

▲《八旗满洲氏族通谱》书影

尤其是《通谱》所起的示喻作用,更是不可低估。《八旗满洲氏族通谱》,80卷,共收录除爱新觉罗家族之外的八旗满族姓氏654个,蒙古姓氏、汉姓、高丽姓521个,合计1175个,记录八旗2万多个人物。可以说,这部《通谱》,既是八旗满洲重要的氏族宗谱集成,又是八旗满洲的姓氏总集。清帝敕修此《通谱》的目的是为了提醒八旗满人,增强民族意识,以提高民族凝聚力,进而达到巩固封建统治的目的。同时,《通谱》的修成,也为后来的满人修谱提供了充足的依据与线索。

清朝建立以后,大批满人入关,生活在中华民族的大家庭中,汉族与其他各民族重视修家谱的文化传统,同时也促进了满人文化的发展。乾隆之后,满人修谱得以蓬勃开展,由过去只是个别家族的个别行为发展成为全民族的普遍行为,在相当时间里,满人对纂修家谱的重视,几乎超过汉族,达到一族一谱的地步。清朝灭亡后,八旗制度解体,满族并未终止修谱,也是不忘本的一大体现,教育族人强化自己是中国人的意识和重振民族辉煌的心理。日本占领东北的期间,东北满族再兴修谱高潮,正是这一心态的体现。现在我们见到的东北地区满族家谱,也有相当一部分是这一时期纂修的。

满族多于龙年、虎年、鼠年中进行修谱,取龙腾虎跃,人丁兴旺吉祥之寓意。时间一般在农历二月间。假如是初次修谱,资料来源主要为历代相沿的传闻与从八旗都统衙门所存档案中抄录有关资料,如果是续谱,则以旧谱为基础,加上历代穆昆达举行祭祀时记录的本族新生、娶进、身故人丁清单的册子为根据,依次续上。新生者须用红砂填上;死者的名字被涂成黑色;女子因要出嫁,属外姓人,一般不予上谱;媳妇的名字附在丈夫旁,写明姓氏与旗分。在现存的满族家谱中,由于修谱时代和家族历史的不一样,修成家谱的内容结构与详略程度也不一样,叙述族源、迁徙、修谱缘起与修谱过程的谱序和记录家族世系的世系表是一定有的,其他诸如诰命、上谕、传记、诗文、仕宦、移驻考、族居记、谱图、家训、族规、恩荣、祠宇、碑记、墓图、大事记等,则不是每一部满族家谱都有的。

在满族文字家谱中,还有一种特殊的形式叫谱单,实际上是谱书

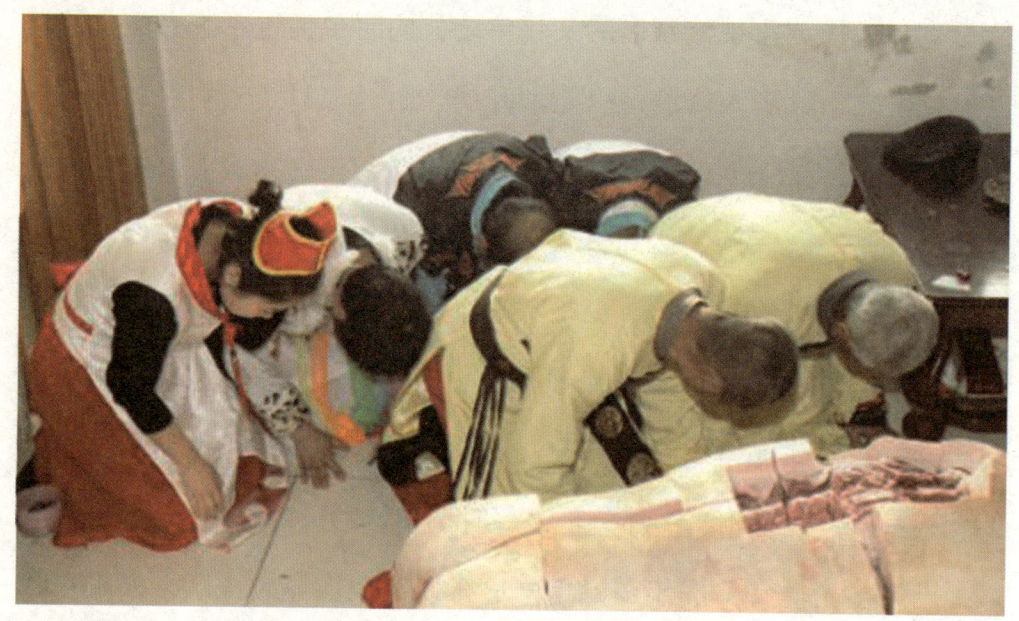
▲ 锡伯族人民跪拜喜利妈妈

的简本，仅有家族世系和极简单的文字说明，注明家族迁移来源、字辈顺序和修谱、抄谱时间，通常写在大张高丽纸和黄绸上，也有用数张高丽纸拼接而成，成卷轴装或经折装，中间一般都绘有祖先画像，已故人名用黑笔，尚存的人用红笔书写，文字有满文，汉文，满汉合璧或满文、汉文各一份对照等数种，很多谱单从顶端沿两边直至底部都绘有彩图。平时郑重收藏，每到祭日，则从祖宗匣中请出，敬陈于屋内西墙板上，全家跪拜祭祀，以示不忘祖宗恩德，并祈求祖宗庇佑。在现存满族家谱中，谱单多于谱书。

与满族同居于东北地区且风俗、信仰和习惯大体相近的锡伯族，他们拥有自己的民族文字，可未见到有民族文字家谱的记载与报导，只见到有关实物实谱的记载。与满族相似，锡伯族人在屋内西墙上供有保佑家宅平安和人丁兴旺的女神喜利妈妈，也叫子孙妈妈，没有神像，也是一纸袋，内装一根长约二丈的丝绳，上面系有小靴鞋、小弓箭、箭袋、摇篮、铜钱、布条、背式骨（猪后腿的距骨）等物品，用以记载家中的人数、辈数、男女数和其他大事。添一辈人就添系一个背式骨，生男孩挂一张弓，生女孩挂一根红布条，从丝绳可以清楚地看出这家一共经历了多少代，每代各有多少男女成员。这种丝绳实际上就是锡伯人的实物家谱，平时是收在袋子里，拿出祭祀多半在半夜时分，不传于外人，十分之郑重。

■ 蒙古族家谱

蒙古族是在中国历史上创造了辉煌业绩的民族，十分崇尚英雄，未有文字之前，在广阔的草原上就流传和吟唱着各种传奇的英雄事迹与传说，其中包括了英雄的家世，这些流传的英雄事迹实际上就是后世英雄史诗的蓝本。在这些史诗被记录之前，史诗中的英雄家世实际上就是一种口传家谱。在蒙古文字被创立后，一部分口传历史被记录了下来，形成了文字家谱。

蒙古早期文字家谱并非是独立成书的，而是收录在其他著作之中。如在13世纪中期形成的《蒙古秘史》与十四世纪初形成的拉斯特《史集》中，都记载有成吉思汗祖先、成吉思汗及其继承者的家族世系，多达二十多代。

此外，元朝建立之后，沿袭了金制，设置大宗正府，专司修撰皇室家谱，但由于"元之宗系，藏之金匮石室者甚秘，外廷莫能知也"，元朝灭亡后，皇室家谱也就不再传下来了。到了清朝，蒙古族仍然是主流民族，在敕修的《八旗满洲氏族通谱》中，也有一定数量的八旗蒙古姓氏与家谱。清代以来，蒙古族人编修的蒙文与汉文家谱不在少数，可惜至今并未见到关于这一方面的统计与研究文献。

■ 其他民族家谱

其他拥有自己本民族文字的各少数民族，从理论上而言，也应该有自己的民族文字家谱和汉文家谱，但有关这方面的记述并不多，大型图书馆的收藏也是寥寥无几，如北京图书馆所藏的少数民族文字的家谱，除前文所述的满、蒙文字之外，也只有藏文四种，彝文两种。此外，在一些民族的文献之中，也可发现有关类似的家谱，如清代彝族《西南彝志》中，就记录下较多数量的古代彝族口传家谱。专门的民族文字家谱，也许在各少数民族的档案馆、博物馆、图书馆与私人手中也都会有收藏，值得我们去调查、征集、整理、研究。

在我国漫长的文明史中，还有一些曾经在历史舞台上演出过轰轰烈烈的正剧，而如今已消亡的民族，如建立辽代的契丹族，建立西夏政权的党项族，他们都有自己的文字，产生过大量的文献，自然也包括皇室公卿贵族和士民家谱。随着时代的流逝，这些民族已经不存在了，他们的各种文献也已大部消亡，可以肯定，民间也还会有一些流传下来，于西安面世的十册据说是西夏皇族家谱就是一个明证,这些已经湮没于历史尘埃的文献,仍值得我们今天去发现、传承。

我国南方一些没有本民族文字的少数民族,祖先家族世系大多以口述方式流传于族人之中,形成口传家谱。建国之后,许多民族工作者在进行民族调查时,都曾接触过这类口传家谱。在这些口传家谱中,有一部分父子连名家谱比较特殊。所谓父子连名家谱,即某些民族起名较有特点,父亲名字之后一两个字冠以儿子名字之前,这种父子连名的家族世系,比较易于背诵,因此,在哈尼族、怒族、白族、大凉山彝族与黔东南苗族等少数民族中,一般的家族成员都能背出三四十代祖先世系,特殊的如专职巫师或族中老人,则能背出多达六七十代祖先世系。而在其他一些不是父子连名的民族,如傈僳族、阿昌族、普米族、高山族等家族世系则通常由专门的神职人员如巫师和头人掌握,定时向族人宣诵,一般也都能背诵出几十代祖先世系,十分难得。

 知识链接

佛托妈妈

佛托妈妈,也称托托妈妈、锁头妈妈、子孙妈妈。在满族传说中是一位为救清太祖努尔哈赤而被杀害的汉族妇女,努尔哈赤即位后,被尊称为"佛托妈妈",成为满族保佑人口平安、子孙繁衍的神。佛托妈妈有位无像,仅有一个索子口袋,内装有一根数丈长、由五色线编成的索绳,

家中孩子长到四五岁之时，在冬月末大祭佛托妈妈的第二天举行挂锁仪式，男孩颈上套红彩线，女孩套蓝彩线，三天后取下，装入佛托妈妈的索子口袋，再遇祭日，则将孩子原本套过的彩线系于索绳之上。女儿长大出嫁之后，婆家备好酒礼，送媳妇回娘家祭过佛托妈妈，然后将自己套过的蓝彩线解下带回婆家，系于婆家的索绳之上，这一过程称作改锁。家中索绳上彩线多就说明这家的人丁兴旺。

第三章
家谱的变迁

　　3000多年来,家谱在不同时代,有着不同的形态,同时,也发挥着不同的作用。从古至今,先民们编制了卷帙浩繁的家谱,尽管时光在岁月的长河中流淌不休,但时至今日家谱的种类仍有两万多种,其丰富的内容与极高的价值是值得今人探究与思考的。

第一节　起步期

■ 先秦时期

自夏商时期以来，不仅王室有自己的家谱，一些王公贵族也都有自己的家谱，用以记录家族世系。春秋时期，有人对这些家谱进行整理，编有《世本》十五篇传世，重点记录了黄帝至春秋时期帝王、公侯、卿大夫的家系。相传，荀子也曾编有《春秋公子血脉》，但此书今已佚，但"血脉"二字却生动形象地解释了家谱的本质。司马迁在著《史记》之时，非常重视春秋之前的各种谱牒资料，并参考了其中重要的谱牒资料，他在《太史公自序》中说道："维三代尚矣，年纪不可靠，盖取之谱牒旧闻。"《史记》所述的上古以来的政权更迭与王公贵族的家族历史，是我们现代人了解上古历史的重要著作。

先秦时期，家谱的编纂旨在明确财产的继承与袭位。因此，家谱的修撰工作完完全全由官府主持。从功能来看，主要集中在追本溯源、选士、婚配等方面。其本质是与嫡长子继承制相联的。

这一时期实行的是宗法制与分封制，须明晰王室、贵族人员之间的血缘、嫡庶关系，有血缘关系的王室与贵族成员间的世系关系，确定王位、爵位的继承，祭祀的参与。在当时的社会，兄弟之间有嫡庶之分，嫡长子可继承父亲的财产与职位，而庶子却不能享有此待遇。记录家族史就显得尤为重要，谱牒应运而生。事关传承，统治者必然对家史的纂修给予高度重视。

殷商与两周时期设有小史官职。"小史掌邦国之志，奠系世，辨昭穆，若有事，则诏王之忌讳。"（《周礼》）此句表明小史的职务为理明帝王、诸侯世系以及两者间的昭穆关系，写出《帝系》《世本》。

周代小史的著述成果被后世之人统地称为《周谱》，因为原书业已散佚，仅存的断简残编，也是后人辑佚的。如今传世的有以下几部谱书：

《春秋厬谱牒》，以时间为序，记叙国王与诸侯的世系及谥号，所载之内容极为简略，无法让人获得宗族世系的详情，因此司马迁有言："其辞略，欲一观诸要难。"

《五帝德》中记述了黄帝、颛顼、帝喾、尧、舜的世系关系，现今收入《大戴记》《孔子家语》中。

由先秦史官修撰的《世本》，汉朝即已散佚，刘向曾对此进行过收集整理，后又亡佚，清人茆泮材编修的《世本》，包括帝王、诸侯、卿大夫世本与氏族篇。现今的《世本》虽为后人辑佚，但仍不失为最早的谱书。

春秋时期，帝王的家族事务由官府来管理，其中也包括帝王家世记载与家谱编行，民间的家谱由于没有专人管理，尚不成体系。秦时的家谱在史料中还未发现相关记载。汉时的家谱见于文献记载的有《帝王诸侯世谱》20卷，《扬雄家牒》《邓氏官谱》以及颍川太守聊氏所作的《万姓谱》等。此外，还见于某些碑刻之上，如延熹三年（160年）五月立的《孙叔敖碑》与光和三年（180年）立的《三老赵宽碑》。其中，《孙叔敖碑》的碑阴部分记载了春秋时楚相孙叔敖十余世孙和东汉初任渤海太守的孙武伯以下的家族世系。赵宽是西汉名将赵充国之后，世代显贵，此碑完整地记录了赵宽家族由汉初始数百年的家世。两碑均非常完备、详细，因此可以看作是汉朝人的石刻家谱。汉时的家谱如今均已散佚，通过这两块碑刻我们同样可以了解到汉代家谱的基本情况，汉时的家谱与前代大致相同，其主要作用为"奠系世、辨昭穆"，因而著录比较简单，仅为家族世系，只注明生卒、字号、官爵、葬地等，又因为当时的家谱一般不是自己纂修，多为别人代修，因此，为尊者名讳起见，行文通常称其字而不称其名，这也不失为汉代家谱的一大特色。

先秦时代有专职撰修谱牒的官员，有著述问世，且今有遗存。应当说那个时期谱牒学已经萌发。不过这个时期，王室、诸侯的官府修纂、编写之事是朝廷的行为，非私人之事。

秦统一六国后，朝廷设宗正来管理皇族事务，并负责编制皇室家谱。直到两汉时期，家谱记载的范围仍局限于帝王世系。例如，帝王设宗正来管理皇族事务与编修皇亲贵胄的谱牒。此外，朝廷还设置专门的官员负责为异姓王侯编修谱牒。此时，私人修撰家谱的现象也逐渐出现。例如，司马迁在《太史公自序》中详细地追溯了本族的世系。扬雄等人也撰写了自家的家谱。东汉时期，朝廷通过"察举"的方式来选拔人才，一个人的家庭出身、才能与口碑均变得空前重要。这一时期的家谱大多请他人代修，主要作用为"奠世系，辨昭穆"，即记录家族世系的传承，分辨长幼尊卑。这一观念也被后人继承。在我们熟知的《三国演义》中，汉献帝就是通过查证家谱来确定刘备为皇叔的。

■ 两汉三国时期

两汉时期，世家望族兴起，宗族由贵族大宗法制向民间小宗法制过渡，私家谱书由此产生，家谱的形式也开始多样化。

世家大族为增强本族的社会地位，需要有自己的历史，原来谱牒由朝廷官员修纂，汉代出现私家编纂本宗族谱书的现象。汝南袁氏为四世三公的大族，家中立嗣，举行"上告祖灵，下书谱牒"的仪式，可知编制了本家族的家谱，并且不断地续写。西汉扬雄家族编著《家牒》，为后日研究者所注目。《汉书·孔光传》颜师古注说"孔氏自为谱牒，示尊其先也"，其记录家族成员的名号方法是先写表字，后书名字，如孔子之子名鲤，字伯鱼，书作"伯鱼鲤"，

▲ 司马迁画像

先写字，以示尊重先祖。东汉军事家邓禹，其后裔的兴衰，似乎与东汉之国运相同，邓氏家族编有《邓氏官谱》，一些研究者认为，这部官谱专门记载了家族成员出任职官的状况，不是谱牒，却相接近。

司马迁在《史记·太史公自序》中记述了其家族世系，班固在《汉书·叙传》中述其家史，但并未见此二氏成书的谱牒。以上几部家谱或类似家谱之作，表明两汉大族编纂本宗历史。它是以一个个家族为主体而进行的编写，与先秦《世本》集各个家族于一书不同，这家族个体的谱书的出现是两汉谱学的一大发展。

汉王朝承袭了周朝官修王室谱牒的传统，宗正官的职责之一就是编制宗室成员簿录，形成《帝王年谱》，《隋书·经籍志》著录此书。

汉朝颍川太守聊氏作《万姓谱》，汇天下各姓的族史于此书。因而被称为"通国谱"，在两汉之后的中古时代此类型的宗谱最发达。万姓谱的出现，开启通国谱的先河。但它并非无源之水，应当是脱胎于先秦《世本》类的谱牒之作。

与谱牒学相关的姓氏学，在汉代兴起。应劭著《风俗通义》，内作《姓氏篇》。王符作《潜夫论》，其中有《志氏姓》篇，此篇记述了很多大姓的来源、发展与世系。例如，汉初三杰之一的张良，原是战国时期韩国公族，因谋刺秦始皇失败而改姓张。

三国时期，曹丕采纳了尚书陈群的建议，实行九品中正制，分九个等级从士人中选官，它以士人的籍贯、门第作为主要标准，这种选士的方法在当时被称为门选。根据此法选士强化与保证了门第等级的尊严，防止低门第者通过联宗、联姻、认宗等方法跻身高层门第，分享权力和利益。因此，为了选士便利和显贵的身份象征，无论是政府，还是豪门，都非常重视家谱的纂修工作。家谱在政治、婚姻方面作用给家谱的发展注入了新的动力。谱牒文化由此也得到快速发展。政府还设了"谱局"，专职于谱牒的编修工作，中央政府与地方政府均设"谱库"此类机构，用以收藏谱牒，以备不时查检。

 **知识链接**

司马迁的身世

司马迁自称其先祖为颛顼时期的天官，《史记·太史公自序》有言："昔在颛顼，命南正重司天，火正黎司地。唐、虞之际，绍重、黎之后，使复典之，至于夏、商，故重、黎氏世序天地。"他的直系八世祖先是战国中后期秦国著名的武将司马错；六世祖司马靳（司马错次孙）为名将武安君白起副手，参与长平之战，坑杀赵卒四十万人，司马错、司马靳等军事之功为秦国奠定了一统天下的军事基础；高祖司马昌为秦始皇时期的铁官；曾祖司马无泽，在汉初作长安的一个"市长"（管理市场）；祖父司马喜，没有做官，但有第九等爵位，为五大夫；司马迁的父亲是西汉武帝时期太史令司马谈，司马谈是当时的一位非常杰出的学者，著有《论六家要旨》一文，系统总结了春秋战国秦至汉初以来阴阳、儒、墨、法、名、道各家思想的利弊得失，并对道家思想进行了高度肯定，该文是对春秋战国以来的诸子百家思想的高度概括和凝练总结。司马谈在约汉武帝建元六年至元封元年间任太史令。

约公元前145年，司马迁出生于家乡夏阳（今陕西省韩城市），他从小受到良好的教育。《史记·太史公自序》有言："迁生龙门，耕牧河山之阳。年十岁则诵古文。"幼年时,司马迁或在夏阳耕读,或在长安求学。这一期间的学习为他打下了坚实的文学基础。青年时,司马迁漫游江淮,到会稽,渡沅江、湘江,向北过汶水、泗水,于鲁地观礼,向南过薛(今山东滕县东南)、彭城,寻访楚汉相争遗迹传闻,经过大梁,而归长安,历时数年,为协助父亲著作史记做准备。这一期间他开阔了眼界,为他后期写《史记》奠定了坚实的基础。

第二节　发展期

■ 魏晋南北朝时期

魏晋南北朝时期，社会分为士族与寒族两大阶层。士族是享受政治、经济特权的统治阶层中的精英阶层，而寒族则是除士族外的中小地主。士族与寒族的身份是世代承袭的。

在政治方面，政府为从士族选官，着意于区分士庶，因而注重谱牒的修纂。九品中正制将士族分出等第，从中选出官员，同时区划出庶族，好向他们征收徭赋，所以贾弼之祖孙制作的《姓氏簿状》，"甄析士庶无所遗"。士族依照门第的高低可世代位居官阶。士族20岁就可入仕，而寒族则要等到30岁。宗族的地位决定其仕宦前途，当然更加看重，本来是士族的，希望提高等第，庶族则企图作伪，混入士族。这种情形在南朝宋、齐两代尤为严重。如萧齐时庶族王泰宝贿赂贾渊，欲请贾渊将其名字写入特等士族琅琊王氏谱内，而后被主家发现告发至官府，皇帝要处贾渊以极刑，他的儿子叩头请罪，直至血流满面才得以免于一死。朝廷用人唯门第论，自然会出现冒伪现象。

在经济方面，士族享有大量的土地与劳力；在社会上，士族是不愿意与寒族平起平坐的；在文化上，士族崇尚清谈，其阶层多担任高级文官职务。为了凸显自己的优势地位，当时的统治阶级极为重视谱牒的编纂工作，将谱牒作为能否享受特权的标准。一时之间，民间也非常重视此事，这一时期也出现了许多的谱学名家。由于魏王曹丕推行九品中正制，士人的出身就显得非常重要。因此，谱牒还有选举官员与婚姻择配的作用，以便寻到匹配的门户，巩固与提高本家族的社会地位。郑樵《通志·氏族略》中言："自隋唐而上，官有簿状，家有谱系，官之选举必由簿状，家之婚姻必由于谱系。"不察谱系，不敢随便通婚。

南北朝时期，为了清晰地区分家族等级，除了编撰自家家族的谱牒之外，还编有诸如《百家谱》之类的郡姓、州姓谱，将本郡、本州的大大小小的家族，以地位的差异区别记录各自的世系。据萧梁阮孝绪《七录》中记载，当时的谱牒著作可达一千余卷。当时的平民百姓若想要改变自己的社会地位，除了与士族攀婚外，也只有诡称高门了。他们通常买通编写谱牒的专家篡改谱牒，但此事在当时的处罚是非常重的。人们运用谱学知识选择交友的对象，并在社交中尊重他人，不犯别人祖先名讳。

因为南北朝时期的家谱如此重要，所以一切能证明家族身份、氏族等级的文件、资料都一定要有世系的内容，流传至今的一些墓志铭与史书也都无一例外。尤其是北朝魏收所撰的位居封建时代二十四史之一的《魏书》，更是一部家谱式的正史，每一列传后，均附有子孙名字、官爵，多则竟达百余人。《宋书》《南史》《北史》也都不同程度地存在着此类情况。南北朝时期的家谱现在已基本散佚，此外，南北朝时期的一些注书也曾大量地引用当时的家谱资料，如裴松之《三国志注》引用19种，刘孝标《世说新语注》引用高达36种，足见当时谱书风行之盛。

有的州郡将本地的族姓编成谱书，是为州郡谱。南北朝时期形成而在隋代还在流传的有《冀州姓族谱》《益州谱》《洪州诸姓谱》《袁州诸姓谱》《吉州诸姓谱》《江州诸姓谱》《扬州谱钞》等。

据《隋书·经籍志》记载，南朝有《宋谱》《齐帝谱属》《齐梁帝谱》《梁帝谱》。北魏于道武帝天赐元年设立大师、小师，鉴别皇家族属成员及关系，后来利用大、小师的资料，编辑成《后魏皇帝宗族谱》，收录了北魏帝族的八氏十姓，即拓跋氏、普氏、长孙氏等，其中还包括了一些疏属。北朝北齐、北周皇家亦有宗谱《北齐宗谱》《周宇文氏谱》。

两晋南北朝官修谱牒兴盛，淹没了私家的修谱，其实私人编写氏族谱的很多。首先出现的是晋人挚虞的书。此人为京兆长安人，博学多才，因东汉末年战乱，谱牒、传记图书大多遗失，遂撰有《族姓昭穆》十卷，上呈朝廷，以为可以泽福后世。私家谱书成品也很多，萧梁刘孝标注《世说新语》，广泛征引家谱资料，有《羊氏谱》《挚氏世本》《袁氏世纪》等。

■ 隋唐时期

隋唐时期，朝廷开始依据科举制来选官，同时，士族制度加速消亡。士人的出身已不如先前那么重要了，但谱牒的编修现象依然在延续。这一时期，皇室的族谱编纂由官方来主导。在民间，私家修撰谱牒的情况也不罕见。例如，颜真卿、刘知几等名人都撰修了自家的谱牒。

此时期的统治者均出身于名门士族，因此，他们深知谱牒对于维护统治的利益与巩固统治的作用。当时，门阀制度也非常盛行，但与南北朝时期有所不同：一是隋唐取士大多通过科举制度，此方式与门第关系不大。

此外，经过隋朝末年农民起义的战火的洗礼，南北朝时期的一些士族衰落甚至消灭了，而另一批军功贵族崛起，产生了一批新的豪门，构成李唐王朝的统治基础与主体。为了维护整个统治阶层既得的利益，巩固统治基础，唐朝的谱牒修撰权基本被官府垄断，政府设置了专门机构，不惜斥巨资组织编写了数部大型谱牒著作。李唐王朝修撰的谱牒均为政治作用明显的姓氏谱与衣冠谱，其中，较为著名的有《姓氏录》《氏族志》《姓族系录》《唐皇玉牒》《元和姓纂》等。

隋唐时期，新旧士族、士族与庶族的斗争与交替，令官修谱牒失去了昔日的繁盛，终结大规模官修家谱时代；私家修谱状况，反映士族分化的时代性特点；在家谱体裁方面，成为由通国谱向家家谱的过渡期；谱牒功能出现了科举第一、婚姻第二的逆转变化；产生了刘知几的谱牒学理论。

▲ 颜真卿画像

隋朝修谱《开皇氏族》，唐初大规模地修订谱书，足以表明时人对谱学的关注，这可从"肉谱"的故事中显现出来。"肉谱"是李守素的外号，工于家族史、谱学，人们便称其为"肉谱"，他也成了谱学的资料库。相传，有一次他和虞世南在一起谈论人物，开始讲江南、山东的世家，虞世南尚能与他切磋对话，等谈到北方的氏族，李守素说得头头是道，把每家的重要事情讲述出来，还援引谱书作为证据。虞世南却对此全然不知，只能搓手微笑倾听，沉默以对。

唐朝初年，为了抬高李唐的皇族血统，李世民下令吏部尚书高士廉、御史大夫韦挺、中书侍郎岑文本等人编修《氏族志》。在编修之时，按照李世民的意思，高士廉等人须将李氏皇族列为第一等，外戚列为第二等，崔、卢、郑、王等原来的名门望族列为第三等。此次重修再次强调了皇族血统的高贵，扶持了庶族地主势力。在编纂《氏族志》之时，武则天的父亲并未入选。尽管他是大唐的开国功臣，又与李渊、李世民交情甚笃，也对唐王朝的建立作出了贡献。但他官阶并不高，遂不被载入。

武则天当政之后，为了打击异己势力，拉拢出身卑微的人才，她便想重修《氏族志》。于是，唐高宗采纳许敬宗、李义府等人的建议，命礼部侍郎孔志、著作郎杨仁卿与太常卿吕才等人重修谱牒。

659年，新谱修成，名曰《姓氏录》。此次重修在等级划分方面，以现任官职的高低为划分等级的标准。因而不仅当时五品以上的官员得以入选，而且兵卒中以军功获五品以上勋官者也在谱中有名。但旧士族未能在当朝任五品以上官职的均没被入选。这一编修原则在当时

更是争议不断。

唐朝时期,谱牒在政治与婚姻方面仍起到了一定的作用,尤其是在婚姻方面,因此不仅官府在修谱,私人自修家谱的情况也很普遍。据《新唐书·艺文志》的记载,经过唐末及五代战乱所余的各类家谱可达上千余卷。同时还涌现出了一批谱学家,他们在社会政治活动中发挥着作用,但唐代的各类家谱除了敦煌石窟中存有若干残页外,其他已无存世。

唐末的黄巢起义彻底粉粹了门阀制度。五代时期,战火不断,人们升迁大多靠的是战功,显赫家世已不多见,人们的地位贵贱变化无常,世与门第之说已不再显得重要。魏晋以来的官家谱学也就不复存在了。

唐代前期有过以上三次修谱之举,即《氏族志》《姓氏录》《姓系录》。这三次修谱反映了新士族势力的增强,其间虽有人反对,但也未能改变这种趋势。如孔至撰《百家类例》,上谱的条件为"婚姻承家,冠冕备尽",以宰相张说是新贵为由,不予入谱,张说之子张垍对此非常不满,认为天下的族姓位次哪能为孔至胡乱编定,也有人劝孔至添上张说家族,可是右补阙韦述却有不同的观点:大丈夫奋笔成一家之言,何必因一个人而改变主张。孔至因而坚持不改。三次编写之后,朝廷不再修谱。

在此期间,私人撰著家谱为数甚多。隋人韦鼎等作有《韦氏谱》。唐人编纂的谱书,在《新唐书·艺文志》里著录的有26种,其中有成州刺史、绛州裴守贞的《裴氏家牒》,太子左庶子、咸阳王方庆的《王氏家牒》,陆景献的《吴郡陆氏宗系谱》,吏部尚书刘晏的《刘晏家谱》《赵郡东祖李氏家谱》《李氏房从谱》《鲜于氏家谱》等。

这个时期的私家编谱也颇多特色。第一,老士族不仅兴修家谱,而且保存得好,上述有谱的裴、王、陆诸氏,均为两晋以来大姓;第二,一些宗族修纂了房支谱;第三,谱主的地望,有的并非老著籍,而是新著籍,如王方庆是琅琊王导十一世孙,《旧唐书·王方庆传》众说他是雍州咸阳人,因他的曾祖父王褒在北周时迁居咸阳,子孙后代就在此地著籍,因此他的家谱不再冠以"琅琊"字样。裴守贞,祖先原为河东闻喜人,后来才属籍绛州稷山。地望的变化反映了旧士族的分化,其中的一部分以新士族的面貌出现,家谱正体现于此。

谱学的理论在唐代得到了很好的发展,此点在刘知几的著述中得以体现。刘知几是古代第一位史学理论大

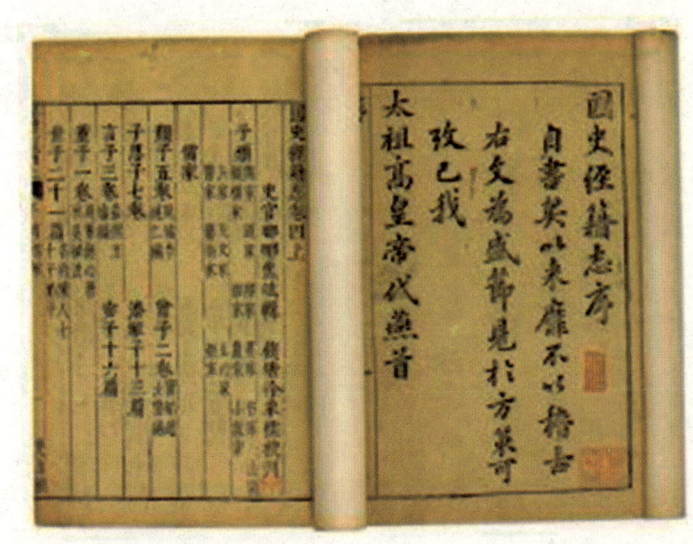

▲《经籍志》书影

家，他在《史通》中论述了谱牒学原理，并亲身实践，撰写《刘氏家史》十五卷和《刘氏谱考》三卷，考证刘氏族源及彭城丛亭里刘氏房源尤其精到。更重要的是他将氏族志当作史学的一个部门。在《史通·书志篇》中认为王朝史中的志要有三大门类，即一为都邑志；二为氏族志；三为方物志。给予氏族志以应有的地位。他通观周代《世本》以来谱牒编纂史，认为"谱牒之作，盛于中古，汉有赵岐《三辅决录》，晋有挚虞《族姓记》，江左有二王《百家谱》，中原有《方司殿格》，盖氏族之事，尽在是矣"。他指出中国谱牒的功能，"用之于官可以品藻士庶；施之于国，可以甄别华夷"。他讲的谱学发展史及其功能比较符合实际。他批评前世修史对谱学的忽视，不予著录，因而建议："凡为国史者，宜各撰氏族志，列于百官之下。"《史通》成书于唐中宗景龙四年（710年），而在贞观十年（636年）成书的《隋书》，在《经籍志》里已经有了"谱系篇"，著录四十一部谱书，并有简单的说明，介绍谱牒的历史。可见唐初史官已经注意到谱牒的价值，中古谱牒发展的事实必然要反映到史书中，不过刘知几从理论上论证谱牒与国史的关系，还是一种发现。在唐代以后，历朝编纂国史，史家多留意到谱牒，《旧唐书·经籍志》有"杂谱牒"类目，著录55种谱书；《新唐书·艺文志》亦有"谱牒类"，记载17家39部作品；《宋史》《明史》都有同类著录。刘知几的理论和唐初史家的实践，无疑提高了谱牒学的学术地位。

两晋南北朝的谱牒功能以仕宦为重，其次才是婚姻，而唐代却将这个次序颠倒过来，让婚姻占据了首要位置。唐太宗下令修纂氏族志，出发点是禁止旧士族的卖婚与以婚媾维持破落户地位，因此有诏令说："自兹以后，明加告示，使识婚嫁之序，务合典礼，称朕意焉。"这份诏书在《全唐文》里题名《刊正氏族诏》，而在《唐大诏令》中则题名为《诫励氏族婚姻诏》，突出婚姻问题。唐代特别禁止高门士族间的联姻，禁止北魏以来陇西李宝、太原王琼等七姓十家互相通婚。同时不许士族与非士族，尤其是贱民通婚，这在谱牒中有着明确的说明。《敦煌唐写姓氏录残卷》："自令以后，明加禁约。前件郡姓出处，许其通婚媾。结婚之始，非旧委悉，必须精加研究，知其囊谱，相承不虚，然可为匹。其三百九十八姓以外，又二千一百杂姓，非史籍所载，虽预三百九十八姓之限，而或媾官混杂或从贱人良，营门杂户，慕容商贾之类，虽有谱，亦不通。如有犯者，剔除籍。"可见通婚必须查阅家谱，谱牒在此中起到保证监督的作用。

知识链接

堂号与郡望

堂号实质上就是祠堂名号，也是家族的代表与标志。堂号的来源有很多，有些来源于名人的室名或书斋名。例如，裴度别墅中的室名"绿野堂"，后来"绿野堂"就成为了裴氏的堂号。某些业内人士认为，堂号中所使用的郡望，实际上就是郡名或郡号。

郡望包括发祥之郡与望出之郡两类。前者指的是某些姓氏或者家族兴旺发达的发祥之地。后者指的是从发祥之地迁到他郡，后来又成为该郡的名门望族。其中，李氏"陇西堂"、王氏"太原堂"用的都是发祥之郡的郡名，而王氏"琅琊堂"则用的是望出之郡的郡名。此外，堂号的来历，还有根据先人的德行来命名的。例如，杨氏"四知堂"的堂号就来自东汉名臣杨震的"天知、地知、你知、我知"的拒绝贿赂的千古名言。此堂号的寓意是希望后世子孙能够弘扬先辈的德行，将先辈遗德发扬光大。

在家谱中，对于郡望和堂号的强调，是由基于血缘亲情的仁爱思想所决定的，也是修齐治平思想在民间的具体体现。

第三节　成熟期

■ 宋元时期

宋元是谱牒转型的成熟期，即由官修为主转为私修为主的阶段；谱牒的体例发生了巨大变化，成功创造了家族谱的新的体例类型，影响至今；谱牒的社会价值也发生了巨变，仕宦与选婚的主导作用消失，而伦理教育的作用显著提高；谱书的兴修没有唐代及其以前那样深入人心，为士族以上特权阶层那样广泛关注；朝廷远不如以前重视，对皇家玉牒以外的谱牒已不热心。

宋王朝建立后，取士方式继承了李唐的科举制度，婚姻也很少注重门第阶层，唐朝以前谱牒的政治作用已基本消亡，这个政治工具对当权者来说已经不是那么重要了。家谱的纂修工作一时间衰落凋敝，这一现象一直持续到宋至和年间才得到改善。唐宋八大家中的欧阳修、苏洵均编写了各自的家谱，并提出了编修的原则与具体的方法、体例，使得家谱逐渐复得繁荣。

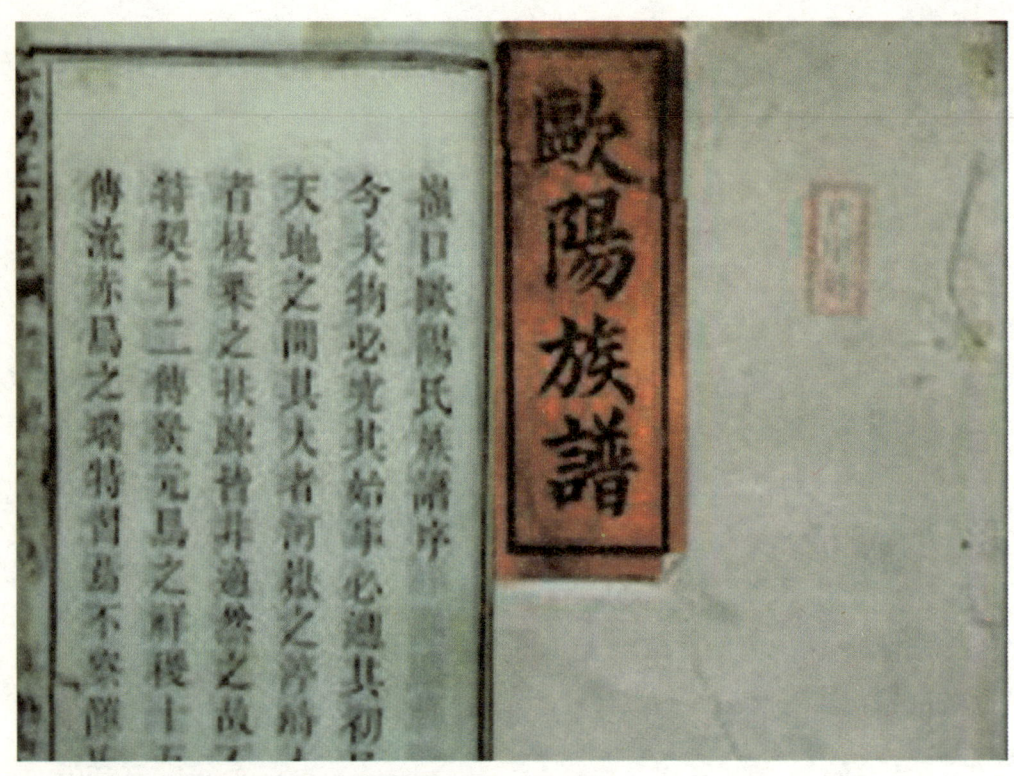

▲ 欧阳修后裔编纂的《欧阳族谱》

此时，由于官方提倡，民间续修家谱开始流行，目的是"尊祖、敬宗、睦族"。到了后来，宗法制度被废除，由于谱牒的存在，人们还知道尊卑、亲疏之分。等到续修谱牒的制度被废弃，人们往往不知道祖先何处来，所以家业难以长兴，伦理纲常的贯彻也出现了问题。因此，欧阳修认为修谱牒的价值在于安定人心、和睦族群、改良风气。

对家谱的编纂，程颐、张载、朱熹等人都提出了自己的见解。编纂家谱，可以确立嫡庶之别，可以明确财产继承和分配，有利于祭祀祖先。为了给家族内部的贫寒之人以救助，家族大都设置了祭田、书田等共有财产。这些财产可以起到凝聚族群、和睦族人的作用。当时，很多名儒都积极给家谱写谱序。例如，朱熹就曾应学生廖德明的邀请，为廖氏家谱作序。

宋朝著名文学家欧阳修非常重视谱牒的编撰，他在主持编修《新唐书》之时，在《新唐书》中专设了《宗室世系》《宰相世系》篇，用以记录李唐皇族的世系和唐时的369名宰相的世系。修定《新唐书》后，欧阳修为了使族人与子孙能够了解与继承本族祖先遗德，他采用了史书的体例和图表方式，将五世祖安福府君欧阳万以来本家族的官封、名谥、迁徙、婚嫁、享年、墓葬及其行事等编成了一部新型的家谱。在此期间，苏洵也编成《苏氏族谱》。苏洵和欧阳修都提出了全新的编修原则和体例。在编纂谱牒时，他们都采用了小宗之法，即世系上追溯到始迁祖或者五世祖。而皇家在编纂族谱时，则往往采取大宗之法，即将家族世系一直追溯到血缘始祖或者受姓始祖。欧苏的谱学思想与续谱原则、体例对后世的影响很大。至此，真正意义上的家谱才开始出现。

两宋时期，许多士大夫都为自己的家族编写了家谱。在此期间，还出现了一些理论著述，除了欧、苏以外，最为著名的当属郑樵的《通志·氏族略》了，这些理论与实践指引着两宋个人修谱事业的蓬勃发展。

宋代之后，官府依然主导皇家谱牒的编修工作，并且还积极鼓励民间修纂家谱。南宋开禧元年（1205年），宋宁宗赵扩颁下诏令，鼓励民间修纂家谱，希望世系绵延不绝。而家谱的编纂则主要由民间人士来主持进行。续谱的宗旨已由选官与婚配转变为尊祖敬宗、和睦族人。此后的朝廷大多鼓励民间私修家谱。

元朝并不重视中原文化，朝廷也并不热心于谱牒的编修事宜，但续谱之风依然盛行于民间，而续谱也是为了敬宗收族。由于时代久远，元代所修谱牒已全部散佚。因此，也有学者认为，真正意义上的族谱是从明清时期才出现的。

南宋郑樵在《通志·氏族序》中谈论谱牒学史，认为"自五季以来，取士不问家世，婚姻不问阀阅，故其书散佚，而其学不传"。乍看以为郑樵是说谱学到五代失传，宋代没有谱学了。其实他是说官修谱牒及其表现形式——通国谱。经过唐末五代的战乱，谱书佚失，宋朝也不再编纂这类谱书，人们的出仕、选婚也不需要查考这种书籍，所以说谱学失传。故而此书中郑樵阐述的谱学发展线索不够完整，以致易让他人误解。

宋代以后家族谱的兴盛与发展。清人李兆洛在《养一斋文集·薛氏族谱序》中言："自宋以下，隋唐之谱学废，而欧、苏之谱法兴。"明确指出欧阳修、苏洵的谱学是中国历史上谱学发展的一个阶段。就谱学史的认识来说，唐宋之间发生巨变，中古谱学退出历史舞台，新谱学诞生，而以欧、苏谱学著作为代表，开启谱学新纪元。

欧阳修，字永叔，号醉翁、六一居士，江西庐陵人，北宋政治家、文学家。官至参知政事，主持编撰了《新五代史》《新唐书》，编修的《欧阳氏谱图》被收入《欧阳文忠公集》中。欧阳修对谱牒学多有研究，将在唐朝出仕过宰执的人物，以其家族为单位，阐明氏族、支族与传承。他将治史的经验用在了自身家族史方面，考察其成员功名仕宦，经历十余年时间收集资料，考证异同，终于在嘉祐四年（1059年）编成《欧阳氏谱图》。该书以两种形式保存，一种是"石本"，刻于碑石之上；另一种是"集本"，被收入《欧阳文忠公集》中。《欧阳氏谱图》包括四部分内容：谱序、谱图、传记、谱例。细读原书，可知欧阳修的撰谱方法与观念，详亲略疏的著录对象原则，故《谱序》有云："宜以远近亲疏为别，凡远者疏者略之，近者亲者详之。此人情之常也。"欧阳修主张各房支修谱，便于明确与查考。

苏洵，字明允，自号老泉，汉族，眉州眉山（今四川眉山）人，北宋著名文学家。著有《嘉祐集》，曾受到欧阳修的赏识。他认识到唐末以来修谱制度的荒废，尤其是由贫贱而富贵的人，怕讲实话，更不要谱牒。他认为不能忘记祖先，故而同欧阳修讨论编纂家谱的事情，并于至和二年（1055年）写成《苏氏族谱》。苏洵撰谱义法，采取小宗法，全谱仅著录六代人，苏洵为第五代，上溯到他的高祖，再以上不写，原因是亲已尽，不必写。藏谱与续修，已成谱，高祖子孙家藏一部，续增的后人至五世，续修家谱，如此往复兴修，总观起来，修谱不绝，宗绪不会混乱。世系表达，采取表的方式，六代一线贯穿下来，不像欧谱五世一图。修谱明孝悌，苏洵说有五服关系的人，应当喜庆忧戚与共，看到谱书，知道与宗亲的服制关系，"孝悌之心可以油然而生"。刻石谱，立碑于苏氏高祖墓茔旁边，碑上覆盖亭子，以事保护，同时在碑亭举行祭祖及教导宗人仪式。附录《欧阳氏谱图》及欧阳修撰文《题刘氏碑后》。

欧、苏二人所修之谱各有千秋。因此，后世修谱者常常综合欧苏二家，同时并用，就是这个道理。明代大学士邱溶在《大学衍义补》中说："唐以前官修谱牒，宋以后私家自修，首自庐陵欧阳氏和眉山苏氏二家，明士大夫家亦往往仿而为之。"显然，欧、苏体被后人遵循，成为私家修谱的重要典范，此二人所修之谱也标志着家族谱体裁的成熟。

南宋、元代修谱，对欧、苏体例上有所补充，使它能随着宗族生活的丰富而丰满，逐渐完善起来。

宋元时期私家修谱并非一帆风顺，当时人就有提出不满意的地方，一是嫌编纂不普遍，二是认为谱书失实。其实，修谱成为家族的事情不复关乎选官，所以朝廷不必检查它的真实性。私人只需管自家谱牒，也不能过问他族修谱，对那些冒伪家谱也就不予理会了。因之家族谱失真问题只再发展而未能纠正。

辽、金、元三代的家谱如今已全部散佚，见于史料记载的也极为罕见。明清时期的家谱编纂现象已达到了我国封建社会的鼎盛时期，如今我们见到的古人家谱多为明清时期的家谱。明清时期家谱编纂的目的与宋时一样，旨在为了记录世系、和谐家族、教育族人，提高本家族在社会中的声望与地位。因此，明清时期的家谱在内容上较宋代有所增加，为了体现家族世系的高贵，很多家谱采用了大宗之法，可上溯几十代，上百代，甚至溯至古帝王或名人为本家族的先祖。除了将家族世系排列清晰之外，还增添了传记、祠堂、著述、家训、家规等方面的内容。其中，对人物的记述也增加了子女、婚嫁等方面的内容。为了隐恶扬善与保持家族血统的纯正，族谱中还规定了外族人物不准入谱的限制。族谱在行文中重视文采。为了使家族世系的延续能够一直记录下去，规定了续修家谱的年限。如此一来便使得明清时期纂修的家谱更为系统、全面，且有一定的研究价值。

明清时期

明清时期是古代私家修谱集大成的阶段，接近于官修国史和方志体裁。撰著繁多，成为构成古文献的一个重要成分。家谱的功能也呈现多样化，重教化，从政治思想领域支持政权，而不同于中古的为婚配与选官服务。

宋元时期民间修谱，朝廷采取不予过问的态度。明太祖朱元璋向民间

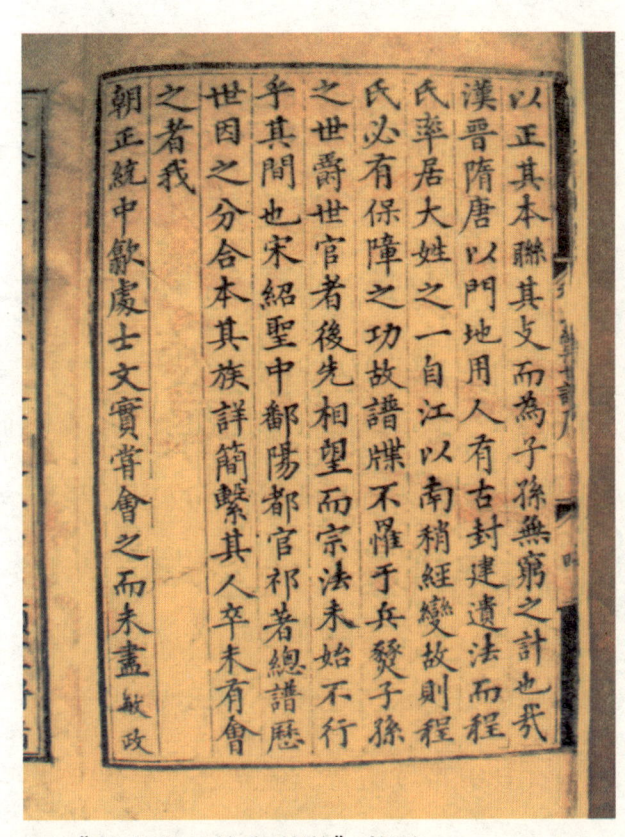

▲《新安程氏统宗世谱》书影

发出"六条圣谕",即"孝顺父母,尊敬长上,和睦乡里,教训子弟,各全生理,勿作非为"。这是号召家族以宗法伦常教育成员。在此鼓励之下,一些宗族开展活动,宣讲圣谕六言,并将这种活动定为族规,记录在家谱中。到了清朝时期,康熙以"圣谕十六条"要求民间"笃宗族以昭雍睦",雍正更明确地说"修族谱以联疏远",号召百姓编辑家谱,以实现"联疏远"的目标,既然是"联疏远",必定会在大范围内修谱,而不仅是五服宗亲的。康熙、雍正二帝的说教,表明皇帝充分认识到兴修家谱是民间一项重大活动,颇能体现宗法思想,是培养顺民的有效方式,需要给予鼓励、提倡。

明清两代均编纂了自己的皇家玉牒,明朝修成《天潢玉牒》《宗支》等书。清朝时期,每十年修一次玉牒,编纂有《宗室玉牒》《列祖子孙宗室横格玉牒》《列祖子孙宗室竖格玉牒》等,分别录成满汉两种文本,又各抄两份,分藏北京和盛京(今沈阳)。

明清时期,人们谨记朱熹的"三代不修谱便为不孝"的箴言,深知修谱为家族之大事。一些家族还将修谱归入族规之中。徽州徐氏规定60年须进行一次修谱,并以甲子年为编写年份。有的家族规定30年一修,也有20年一修的。例如,广东博罗林氏,于明正统六年(1441年)始修家谱,正德十年(1517年)进行了二次编纂,万历三十九年(1611年)进行了三次编修,清康熙三十七年(1698年)四修,嘉庆六年(1801年)五修,道光十一年(1831年)六修,咸丰十一年(1861年)七修,宣统三年(1911年)九修。前后471年间进行了九次纂修,平均五十二年一次。

　　明清修谱的盛行，还表现在联宗修谱方面。联宗修谱在唐代也被称为"联谱""合谱"，此现象在明清时期出现较多，如明代有《新安程氏统宗世谱》《新安黄氏统宗世谱》《许氏统宗世谱》《张氏统宗世谱》等。后来一些家族认识到联宗者并不同宗，于是不再合谱，如常州辋川里姚氏在乾隆年间与犇牛姚氏联修宗谱，嘉庆年间再修谱时，犇牛支仍要合谱，而辋川里支经过一番族系考察之后，难以认同与犇牛姚姓是一个祖先的后代，因此拒绝合写。联宗续谱，反映明清时期宗族要求扩大门第的愿望，在同姓中寻求可能有血缘关系的人进

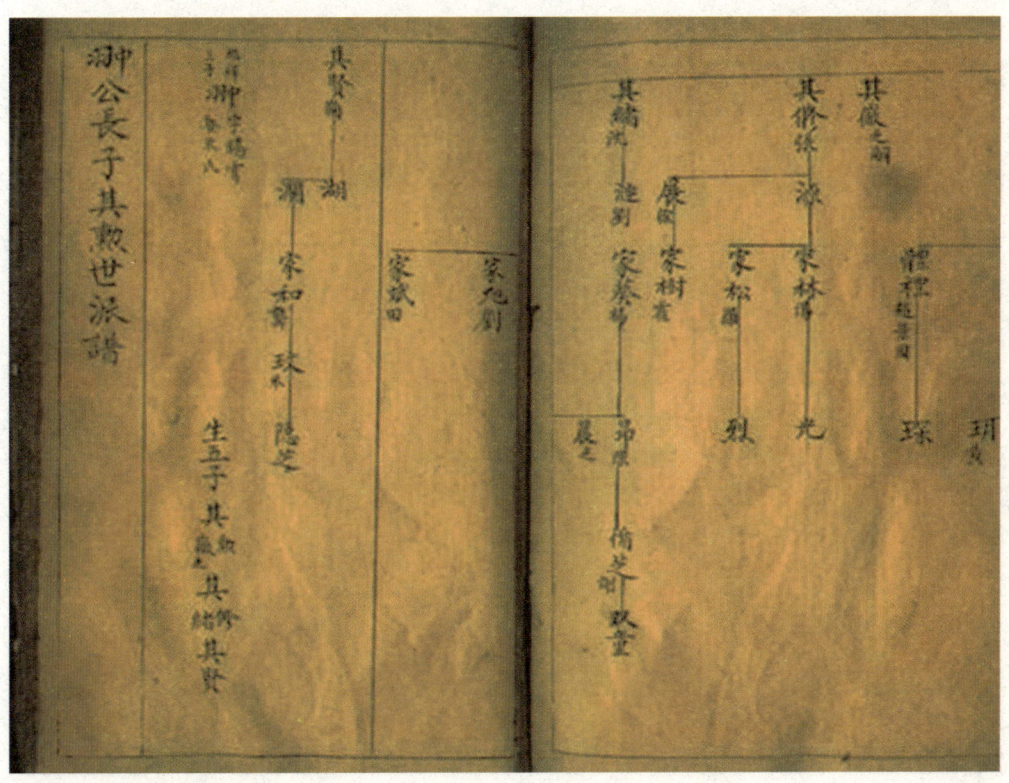

▲《许氏统宗世谱》书影

行联合，但是这样做的结果，经常出现不同宗而冒认祖宗、互相攀附的情况，为有识者所鄙夷，所以到十九世纪合谱现象明显减少。

但我国历史上唯一传承不衰的贵族曲阜衍圣公孔氏的修谱却是例外。衍圣公府定例，每逢甲子年大修，甲午年小修，大修刊刻印刷，小修填格造册。各小宗也修谱，编定之后，送衍圣公府审核盖印，以示认可。所修统宗谱，除衢州南宗孔裔之外，散居的族人都包括在内。今日在曲阜藏有各种类型的孔裔宗谱档案，共有1038卷，其中最早的形成于嘉靖年间，最晚的成于1939年。

明清的家谱主要作用是建设宗族与施行教化。比起宋元时期的谱

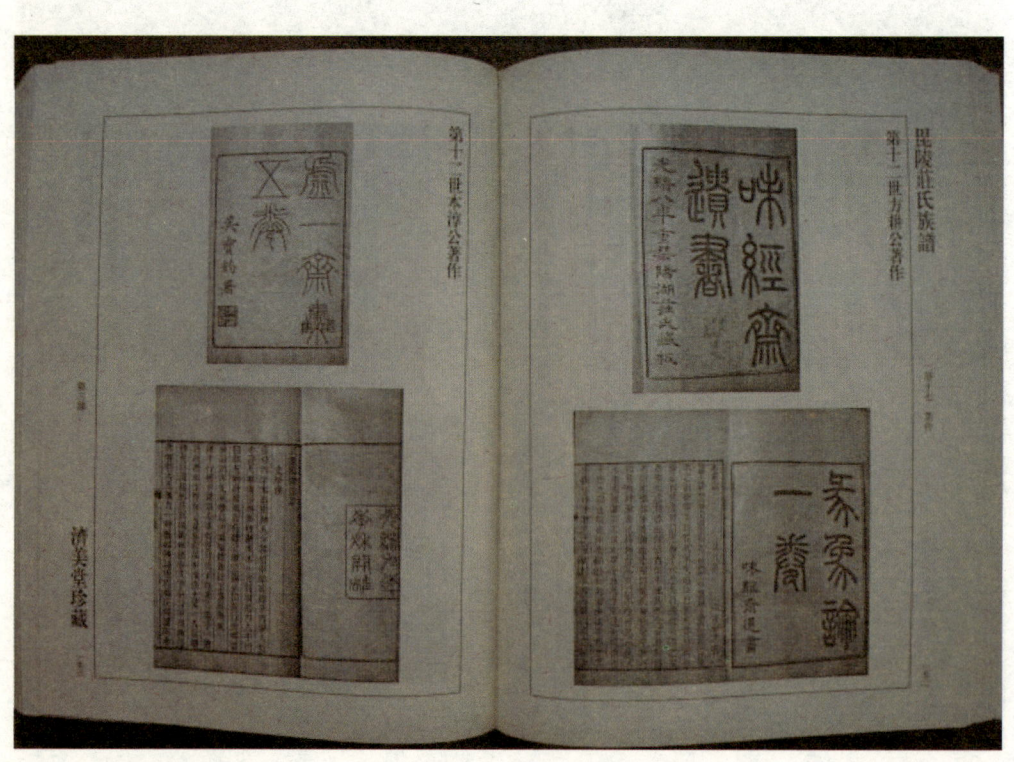

▲《毗陵庄氏族谱》（八修）书影

牒，明清家谱的功能有明显的增强。其功用主要表现为四个方面：一是教化作用。家谱收入的族规、祖训、宗诫、圣谕，讲忠孝、尊祖睦族、实践人伦，是以宗法思想向族人施行教化。乾隆时期的协办大学士庄有恭在《毗陵庄氏族谱》的序中说修谱有"五善"，即"本祖德也，亲同姓也，训子孙也，睦故旧也，又有其大焉者，则报国恩也"。总结了谱牒宣扬忠孝伦常的教化作用，特别是"报国恩"，教导族人尽忠皇上最重要，是尽人伦的最高准则。教化功能实质是一种政治功能，引导百姓做安分守己的顺民，不做社会的乱民。二是建设宗族的作用。宗人之间是有血缘关系的，若没有宗族组织对族人加以联络则关系疏远，通过修谱联系在一起，修谱者成为宗族的核心，将族人组织化，从而产生宗族；即使原来有宗族组织形式的，由于修纂谱牒，制订宗规族戒，加强祠堂、族产的管理，宗族建设日渐完善。三是政治功能，旗人的家谱可作为出仕、袭爵的证明材料。四为处理民间纠纷的一种依据，民间发生财产、继嗣纠纷，甚至命案，官府在处断中，必要时提调家谱，作为一种辅助证明材料。

明清时期还涌现出了一批优秀的谱学专家，其中最为杰出者当属清人章学诚，在他的著作中不仅记述了家谱的起源、作用，具体分析了以往家谱理论与家谱实践中的缺点，并且提出了自己的观点。章学诚的家谱纂修理论对清代以至民国的家谱纂修影响深远。

民国时期，各个家族仍然重视家谱的编纂工作。等到改革开放之后，民间的续谱之风又重新兴盛起来。在续谱时，家族大都继承了过去家谱编修的原则。从内容上来看，尽管家谱的篇幅有所减少，但谱名、谱序、姓名源流等基本内容仍然具备，而且世系表仍然是新修家谱的主体部分。

 知识链接

祭　谱

在古代祭祖时，族人会将家谱请出来，予以祭拜。在浙江等地，古人一般会每隔十年举办一次祭谱活动。届时，合族男女聚集于宗祠内，同吃斋饭，并请道士设坛做法，祈求合族清平吉祥。在打醮之时，族人还会在庭院中树立一根带土的毛竹，寓意给续谱时漏登记的阴间宗亲登记名字。民间将这一仪式称作"树幡竹"。另外，人们还会在附近的山头点燃已经准备好的"通天烛"。"通天烛"，就是将毛竹筒塞入松明。这一仪式通常要持续三天三夜。时至今日，在续谱完毕之后，很多家族会宰杀牲畜，举行祭谱大典。

下篇　年谱

第四章
年谱的文化研究综述

　　年谱的文化价值主要存在两个方面，一是为历史人物的生平提供了资料，填补了没有传志的人物的空白，也使原本就有传志但叙述简略的人物资料得到了补充与丰富。二是为对历史的相关研究提供了有力的论据。在这一章中，我们将详细阐述其文化价值存在的现实意义。

第一节　年谱的文化传承

■ 年谱的起源

"年谱"一词,最早始见于《汉书·艺文志》。《汉书·艺文志》术数略下历谱家类目中著录有汉代阙名所编《古来帝王年谱》五卷。此书早已亡佚,我们无从得见,不过有一点可以肯定,这并不是后世意义上的年谱,仅为一种极简略的人物大事系年或编年体史传。

年谱作为一种专门体裁究竟创始于何时,尚未有定论。一些人认为始于秦简《喜之谱》,但它类似于后世墓文,故不可信;一些人认为始于唐代,理由有二,一是初唐时刘仁轨自编有《刘氏行年记》二十卷,《旧唐书》与《新唐书·艺文志》均有记载;二是传说中唐写本《长庆前后集》末附有白居易自编年谱。此二说均难以为凭,一是因为刘仁轨所撰《刘氏行年记》早佚,我们无从考究,《宋史·艺文志》《崇文总目》等又作《河洛行年记》,此书的内容究竟是不是我们现在的年谱,抑或是刘氏群传,无从知晓,只能顾名思义,尚且存疑；二是白氏自编年谱，清人袁翼在《钱辛楣年谱序》中已明确说到此编"久已散佚"，而我们再考察现存最早的影宋本《白氏文集》，也未提及此谱，这说明白氏即便编过此谱，宋代也已不存，而白氏是否真的编过此谱，尚不可考。

还有一些人认为最早的年谱应为五代后唐赵凤、张昭远所编《唐懿祖纪年录》一卷、《唐献祖纪年录》一卷和赵凤编《太祖纪年录》二十卷，理由是三人均唐将，后被子孙追谥为帝，而此三书均是按年叙述其个人史事，应属年谱一类。但是，这一问题早在北宋尤袤《遂初堂书目》中已有定论，三书均被归入了实录一类。即或是三人在世时未称帝，而此三书还是按实录体编修的，实录与年谱虽然均是以年记事，但它们还是有区别的，实录一般只记起居、言行，没有背景资料等相关资料，而年谱一般却不记或少记起居、言行，而注重谱主行事及其他各种相关内容。

学术界通常认为年谱始于宋代，也可以说，现发现的最早的年谱为宋代年谱。据不完全统计，现存及见于过去目录与其他史料记载的宋人所编的年谱大约有165部，其中为前代人所编年谱有59部，其余均是为本朝人所编。在为前代人所编年谱中，唐人年谱为数最多，唐代著名文人大多有宋人为之编谱，有的唐人还不止一部年谱，如杜甫有12部、韩愈有7部、白居易有7部、柳宗元有2部，其余如李白、王通、颜真卿、元稹、李德裕等，也都有谱，有些还被收入本人的诗文集中，得以留传。在宋人为前代人所编谱中，孔子谱9种，陶渊明谱也有5种，为太上老君与南朝道士陶宏景编谱各一种。在宋人为本朝人所编的百余种年谱中，政治家与著名学者大多有谱，并且有的还不止一种，如欧阳修9种、陆九渊6种、苏轼9种、苏洵4种、朱熹4种、黄庭坚3种、苏辙3种、范仲淹2种、岳飞2种、周敦颐2种、宗泽2种、李纲2种、卫泾2种，其余如曾巩、王安石、晏殊、蔡襄、程颐、陈师道、叶梦德、吕祖谦等，也都有谱。佛道之人如僧人大慧普觉禅师、道士紫阳真人张用成，也都有同道为之编谱。

■ 年谱的发展

宋人年谱的作者类群比较广泛，有后世学者仰慕前贤而为之编谱；有学生为老师编谱；有族内后辈为亲人先贤编谱；也有佛道之人为佛道之人编谱；更有谱主自编年谱，见于史料记载的宋人自编年谱大致有马扩《茆斋自叙》、刘挚《刘忠肃公行年记》一卷、文天祥《纪年录》一卷、真德秀《真西山年谱》、叶由庚《瘖叟自志》一卷等数种。由于年代久远，这些宋人年谱大多已经亡佚，我们只能通过有关目录与相关史料略知一二。

由于元朝历时较短，且异族入侵的蒙古统治者文化意识较浅，因而，元人所编年谱数量较少，仅为51种，其中四十种是为前代人而编。元人所编的年谱，范围较宋人广，如有大禹治水年谱、东周四王年谱、六种孔子年谱、两种孟子年谱、两种陶渊明年谱、两种张九龄年谱、两种杜甫年谱、三种朱熹年谱及关羽、陆秀夫年谱等。早期蒙古统治者如成吉思汗等推崇道教全真派，因此，全真派始祖王重阳，七祖孙不二、马钰、谭处端、郝大通、王处一、刘处玄、丘处机也均有谱。年谱的作者除如前所述的后学、门人、家人子孙、自编、道士外，少数民族文人也在其中，契丹人耶律有尚就曾为其师许衡编过《许鲁斋考岁略》一卷，此书今天尚存于世。

明人所编年谱，已经发现的有489种，其中为前人所编的年谱有179种，为本朝人所编的年谱310种。明朝人所编年谱的范围较宋元时期更广，仅明朝就为孔子修谱31种，孔子弟子数十人有谱。一人多谱的如孟子有10种、诸葛亮2种、关羽4种、陶渊明3种、杜甫7种、周敦颐10种、陆贽3种、司马光3种、程颢4种、程颐4种、岳飞2种、朱熹10种、陆九渊3种、崔与之3种、王守仁10种等。此外，文人学士、皇子王孙、僧、道、书画家、妇女等均有人为之编谱，甚至元末农民起义首领张士诚、韩林儿也有人为之编谱。

清代的编修年谱工作，与宋、元、明三代相比，取得了惊人的高速发展，现存古人所编的年谱中，有半数以上为清人所编，其数量超出三代的总和。与前三代相比，清代编谱者多数为学识渊博的学者，这使得一大批质量较高、足供参考的年谱纷纷呈现于世人面前。由于清代年谱保存至今的较多，也比较典型和完整，因此，本书的介绍将以清人所编年谱为主，兼涉各代，此处对清代年谱就不多赘述。

近代以来，谱主范围比以前有所扩大，已超出过去以文人学者、达官贵人为谱主的局限，将社会各界都列为谱主，如被诬为盗匪的钟相、洪秀全、秋瑾；不受重视的科技人物梅文鼎、李善兰；戏剧小说家曹雪芹、汤显祖、孔尚任、蒲松龄；书画家陈洪绶、郑燮、石涛；弈者范世勋、施定庵以及僧道、妇女等都有年谱行世。清代大批汉学家的生平、学行也有年谱行世，这对学术史的研究大有价值。

■ 长盛不衰

年谱自兴起后，至今不衰，这是因为它有如下四点原因：

第一，年谱可补充国史、家传的疏漏，并且能订正纪事的错误。国史、家传对于一个人的生平事迹只能选择性叙述，其次要的或当时被认为无足轻重的行事通常缺略。有的还由于记载传闻的歧异而记述内容多有谬误之处。有的人在当时还不符合被列入国史、家传的资格，而后来却日益

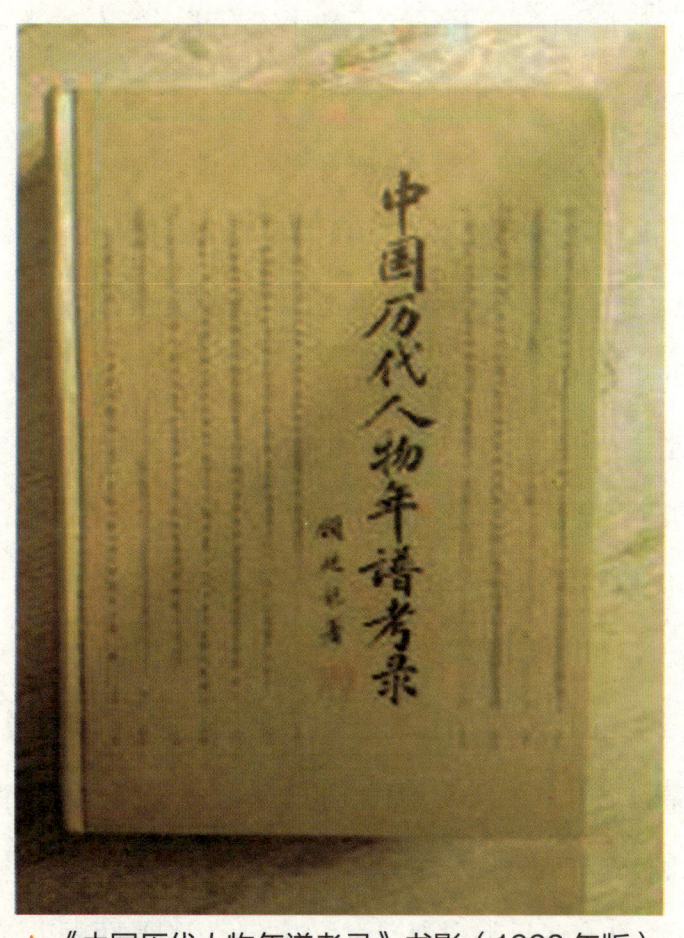

▲《中国历代人物年谱考录》书影（1992年版）

为人们所重视，记述其事迹也是有必要的。这样一来，年谱便应客观实际的需要而担负起补正与订正国史、家传的任务。清初史学家全祖望在为《施愚山先生年谱》写序言中曾说道："巨公魁儒，事迹繁多，大而国史，小而家传、墓文，容不能无舛谬，所借年谱以正之。"（见《鲒埼亭集》卷三二）清末学者孙诒让在《冒巢民先生年谱》序中对于这一点作了更为详尽的阐述；近人钱穆也认为年谱是"图史取材之资"的一种（《中国近三百年学术史》）。

第二，后世之人为了研究前代文人学者的作品与相关学说，便按年月排列谱主事迹以寻求作品与相关学说形成的时代背景、发展轨迹与师承学友等等。清康乾时期的史学家杭世骏，在为清初诗人施闰章

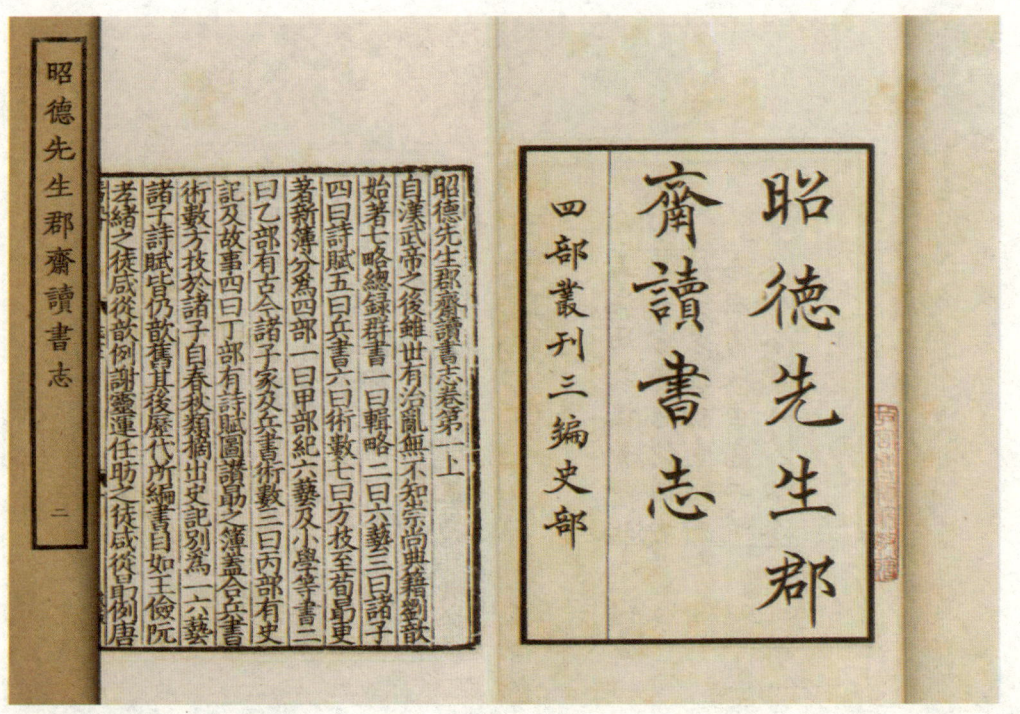

▲《郡斋读书志》书影

年谱所写的序言,以及清乾隆时期官员尹壮图在他的自谱序中,对这一点均有较为详尽的论述。

第三,如果是自编年谱,一种是成功者为表现其"功业",以求传之于后世以教育子孙。清周盛传就在其自谱中表明:"追念生平所历之境,粗举大纲,按年叙述,非敢以自表扬,聊以示子孙,俾知起家之不易耳!"(《磨盾纪实》自序)当然,周盛传本人的主要意图仍在于炫耀功业,传于后世,"以示子孙"仅为一种托词;另一种是失意者鸣其不平,以博取同情。尤其是一些遭遇坎坷、志向不遂之人,通常渴望将自己的遭遇与情感寄托于文章之中以宣告于天下后世,祈求人们对其同情与谅解。清人吴庄在其《花甲自谱》序中说:"穷愁

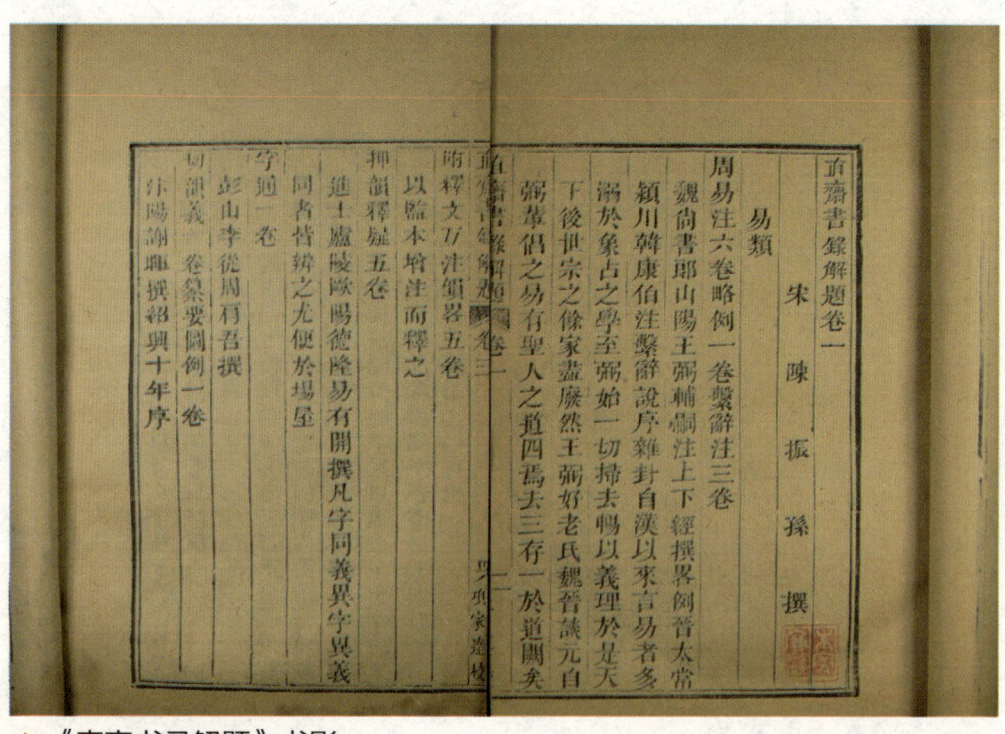

▲《直斋书录解题》书影

困厄，不克自遂其所为，而又不忍自没其所欲为。则凡遭逢之坎坷，情志之佛逆，皆可告诸天下后世，以祈共谅其生平。"有的则是因为谱主遭受的非议较多，其子孙为其正名而撰的谱，如清人汪中是有争议的一位学者，其子汪喜孙特为其撰谱，并在序中申言道："使后之论世知人之君子，勿为谰言滋惑。"不管属于哪一种情况，其为求得表现的目的是相同的。

第四，因为年谱较一般传记搜罗的资料更丰富一些，编纂形式也比较灵活，又因为以年为序便于检用，因此这一体裁一直沿用不衰。

基于上述四点原因，年谱被大量地著作，年谱数量日渐增多，从而在史籍中取得了应有的独立地位。据1980年出版的杨殿珣的《中国历代年谱总录》著录，共收年谱3015种，记载谱主1829人。据1992年出版的《中国历代人物年谱考录》著录，共收年谱6259种，谱主4010人。

年谱在清代发展迅速，除了前面所说的四点共同原因之外，清代学术文化的发展也对其产生一定的影响。清朝从顺治入关建立政权之后，历经康、雍、乾三朝的飞速发展，已达到了"盛世"的阶段，学术文化各方面在前人的基础上均取得了较好的发展。为了应对学术研究，年谱作为一种研究对象也得到了较快的发展，尤其是乾嘉时期考据学的发展，为了让研究基础更为扎实，对于人物的研究则需要更为翔实的背景资料与有关生平事迹的详细记述，而年谱是一种最合适的体裁。顾廷龙在《中国历代名人年谱目录》的序正有言："乾嘉之际，竞尚考据，而编纂年谱之业遂蒸蒸日上，至今有甚而不衰。"

在学术文化发达的同时，清政府的文化专制主义也在日益加强。清前期文字狱接二连三，忌讳也越来越多，因而使有些人对撰著反映整个史事著作心存疑虑，于是有的人就选择论列一个人的生平来借以评述当时史事，以避免触犯忌讳。这也使得年谱的编写量有所增加，因此清代的康、雍、乾三代的年谱数量在清人年谱总量中占据的数量最大。

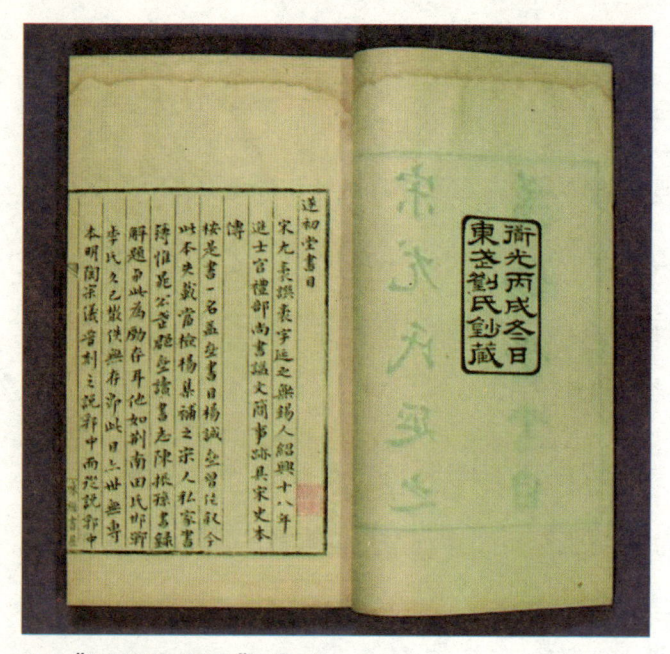

▲《遂初堂书目》书影

年谱见于目录书始于宋代。宋代的三部著名目录——晁公武《郡斋读书志》、陈振孙《直斋书录解题》和尤袤《遂初堂书目》中对年谱均有著录。

明代的国家目录《文渊阁书目》和私人目录《世善堂书目》等也都有著录。清代的国家目录《四库全书总目》、史志目录《明史·艺文志》等均收录年谱，而且为数较多。但是，它们大多被纳入史部传记类或谱牒类中，没有取得专类专目的独立地位。

近人有以清末张之洞所撰《书目答问》的史部谱录类中分收目、

姓名年谱与名物三类，有人认为此为年谱有专目之始，这一说法是错误的。《书目答问》确实有年谱专目，但并不是年谱专目之始。因为在明代祁承㸁的《澹生堂藏书目》史部中，便在传记类外别立谱录类，而谱录类下就有

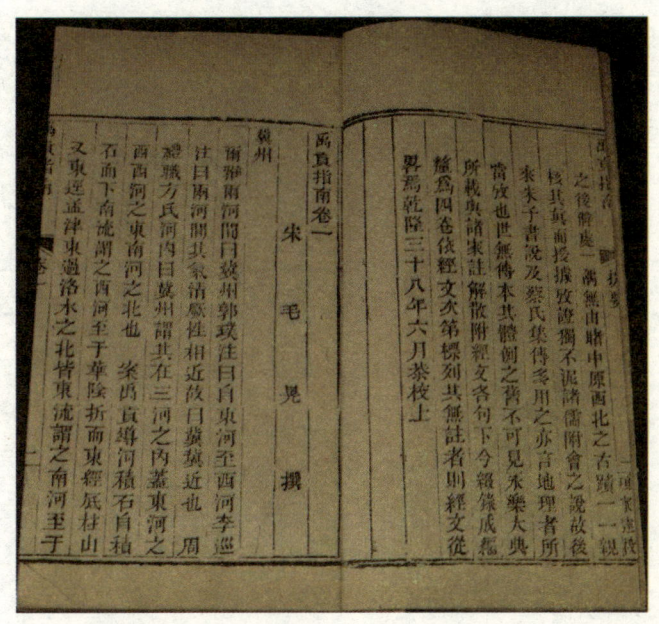

▲《文渊阁书目》书影

年谱专目，收录了《韩文公年谱》《伍宁方年谱》等多种。清初钱曾的《也是园藏书目》与《述古堂书目》中均专设有年谱类目，收录了《圣师年谱》《吴文正公年谱》等多种，清人章学诚《史籍考》中也设有年谱专目。它们均比《书目答问》早几百年。因此年谱从明清以来已在史籍中由附属于传记、谱录类下而逐渐自成专目专类，取得了独立类目的地位，成为史籍中的一个重要的组成类别。

知识链接

清代年谱盛行的实质

整个清朝经历了封建社会后期与半殖民地半封建社会。无论是在阶级结构、等级关系，或是社会风尚等方面均起了相应的变化。年谱的谱

主已不像过去那样单一，只限于文人学者与达官显宦。贫苦的知识分子也执笔自记生平，来抒发一生怀才不遇的愤慨；商人凭借自己的经济力量换取政治权势与社会地位，从而不再讳言自己出身低微；身怀奇艺绝技的人由于广被人们所美慕，因而也有人为他们撰谱；女性、方外之人也有人愿意为他们撰谱；民族工商业者也多对他们发家致富的道路津津乐道。可见，由于社会风气发生的变化，不管什么门第等级，都有权利树碑立传。由于年谱范围的扩大，数量也随之日益增多，因此年谱在史籍中逐渐取得了专类的位置。

第二节　年谱的实际应用

■ **史料价值**

年谱记述了一个人物的生平行事与某些评论,是一种人物传记。一些重要历史人物的传志比较简略,例如只记仕历,或者有侧重地选记,或仅记最后的官阶、最高的官阶;而年谱则记其仕历的详细过程,描述宦海沉浮中错综复杂的历史背景与矛盾关系,可以借此了解到这一人物在政治集团中的位置与派系关系。对于一些镇压人民的刽子手,传志也只能概述其所谓的"勋业",而年谱则记述的是其镇压手段的毒辣与镇压反抗的全部过程。对于一些文人学者的年谱,大多是经过撰者仔细的研究与探讨,

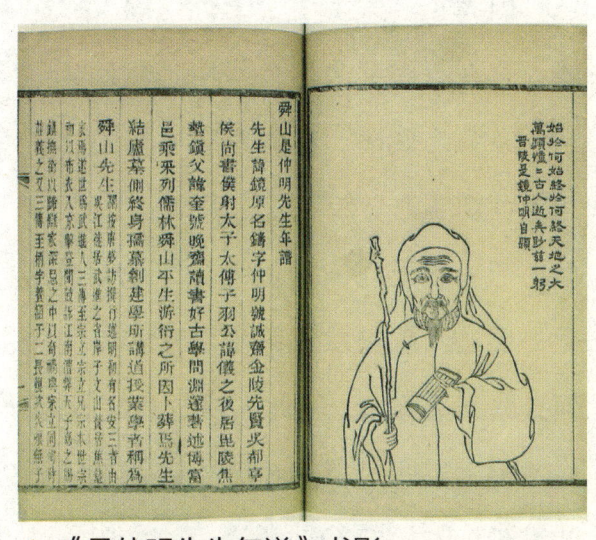

▲《是仲明先生年谱》书影

较达官显宦年谱的单纯排比事实更为有价值。我们可以借此了解谱主科举进学的过程、遗著佚作的概要、师友的渊源与生徒传授的关系等。对于一些默默无闻而有贡献的人则可因谱而知，如评剧创始人之一的成兆才，本不为人所知，但经撰者将其生平撰述成谱后，使人们了解到这一民间艺术家的生平与贡献。因此有人曾称赞年谱有"最得知人伦世之义"（孙德谦《古书读法略例》）。由于年谱所包括的既有重要人物，又有"默默无闻"的那些"小人物"，因此，它的实用价值比较可观。

年谱中所记的人物生平，还可用来校核某些有关人物生平的书籍。如姜亮夫编的《历代人物年里碑传综表》中的清人部分，其中有一人两载，年龄生卒、名号、籍贯、出处、编者、书名等有出入的地方多达50余条。

然而，我们用年谱来了解人物的生平事迹之时，必须注意一个问题。因为年谱大多出于子孙与门人、朋友之手，他们对谱主的评论不能不存在有虚美之笔；即使是时代相隔的后人，也多是因钦敬其人其学，方为之撰谱，不能不有所偏爱。所以，人物生平事迹或评论通常均须特别考虑。如《是仲明先生年谱》，谱主仲明名镜，康乾时期人。他的门人张敬立依据是镜日记来编谱的，叙谱主修身、讲学、论道等生平事迹。若仅从年谱记事来看，则谱主一生俨然一"醇儒"形象，但查览其他著作，则此人的行为甚不齿于时人。

阮葵生的《茶余客话》卷九有《是镜丑态》专篇，揭露的是是镜的丑行，其中有"诡谲诞妄人也，胸无点墨，好自矜饰，居之不疑"句。

董潮的《东皋杂钞》卷二记述的是是镜为其胞弟告发不法之事三十余款。江瀚的《石翁山房札记》卷九指出《儒林外史》中人物权勿用"即指仲明",可证此谱为不足征信。段玉裁的《戴东原先生年谱》中更记是镜被东原鄙弃,并拒绝与之讨论学问,甚至致书讥讽。

年谱中除了为帮助我们了解一些人物提供一些资料之外,还包含了可供证史论史的史料。这部分史料大致有如下四种情况:

第一,年谱记事琐碎平庸,人与事都不足记述,即使有一小部分与史事有关的记载,也大多零零散散,不能超出其他著述记载的范围而有所增补,但是这一类年谱数量较少。如清初的王崇简是一个由明入清、碌碌平庸的官僚,他的《自订年谱》记本人与诸子的仕历及家事,无史料可供采择。又如嘉道时期的杜受田是一个毫无建树、尸位素餐的官僚,卒后,其子杜翰等记其仕历及受恩宠荣辱等事,用以代行状,同样没有什么有意义的史料。

第二,年谱记载的资料可与其他著述相互印证、补益,这一部分年谱的数量较多。有些方面较其他记载更为丰富而具体,涉及的问题也比较广泛。以下几个方面就可以例证说明:

1. 文化方面

①《纪晓岚先生年谱》(纪

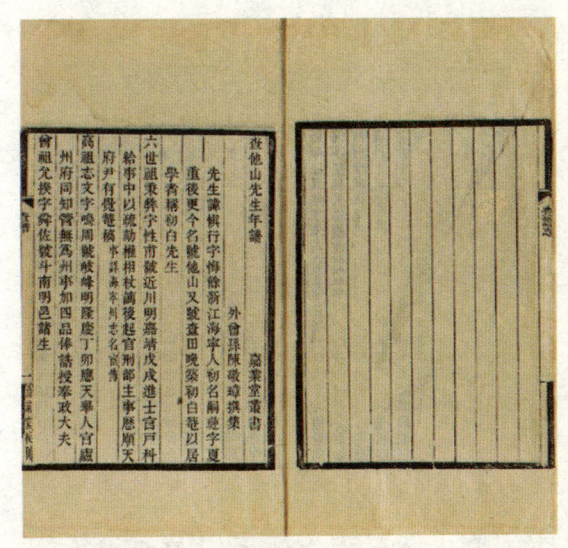

▲《查他山先生年谱》书影

▲ 孔尚任画像

昀)、《查他山先生年谱》(查慎行)、《雷塘庵主弟子记》(阮元)、《澄怀主人自订年谱》(张廷玉)等都比较详细地记录了《四库全书》《佩文韵府》《续文献通考》《康熙字典》与《经籍纂诂》等书的纂辑过程；

②《孔尚任年谱》《蒲松龄年谱》《吴敬梓年谱》与《洪昇年谱》对研究文学名著《聊斋志异》《桃花扇》《儒林外史》和《长生殿》等书的创作情况、流传与评论等方面都有所裨益；

③《仪卫轩年谱》(方东树)对清初汉宋学之争的记录颇为详细；

④《张力臣先生年谱》(张弨)所记为梓板写书事，可备清初精刻本的书林掌故；

⑤《黄荛圃先生年谱》(黄丕烈)、《卢抱经先生年谱》(卢文弨)、《校经叟自订年谱》(李富孙)、《臧在东先生年谱》(臧庸)、《顾千里先生年谱》(顾广圻)、《可读书斋校书谱》(钱泰吉)等记清代版本目录与校勘学等资料颇备；

⑥《湘绮府君年谱》(王闿运)所记撰《湘军志》始末以及时论纷纷

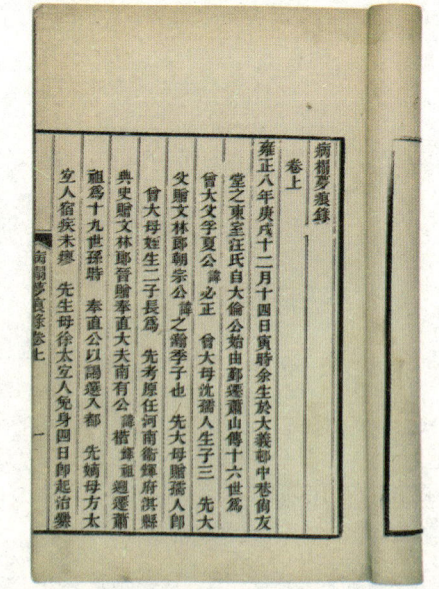

▲ 《病榻梦痕录》书影

等情况甚详,《侯官严先生年谱》记其译《天演论》之事;

⑦《吕留良年谱》(吕留良)、《张文恪公年谱》(张泰开)、《查东山先生年谱》(查继佐)、《查他山先生年谱》(查慎行)、《南山先生年谱》(戴名世)记清代庄廷䥷、吕留良、查嗣庭、戴名世、胡中藻等文字狱案始末颇详。

2. 社会经济方面

《病榻梦痕录》(汪辉祖)、《敬亭自记年谱》(沈起元)等记乾嘉时田价、米价、木棉价与银钱比价的具体数字均较一般记载为详细。

3. 人民的反抗斗争方面

《沈端恪公年谱》(沈近思)、《阿文成公年谱》(阿桂)、《德壮果公年谱》(德楞泰)、《忠武公年谱》(杨遇春)、《恩禧堂年谱》(英和)、《王壮节公年谱》(王文雄)、《罗壮勇公年谱》(罗思举)、《弇山毕公年谱》(毕沅)与《韩桂舲手订年谱》(韩崶)等谱均都记有与台湾朱一贵、林爽文起义,各个少数民族起义、川楚教军大起义、天理教起义与棚民反抗等相关资料;

《裕庄毅公年谱》(裕泰)、《吴文节公年谱》(吴文镕)、《张制军年谱》(张

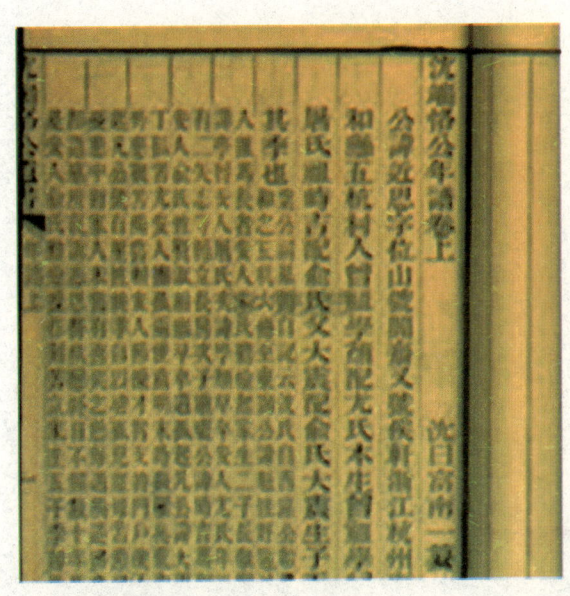

▲《沈端恪公年谱》书影

亮基）等谱所记鸦片战争后湖北崇阳钟人杰起义相关资料，《稚圭府君年谱》（周之琦）记耒阳杨大鹏起义资料，均可补清朝官书与疆臣奏疏之不足；

《独学老人年谱》（石韫玉）所附的《教匪始末》记述的川楚诸省白莲教史事较详，其中记有白莲教分土地的号召。其他如《黄昆圃先生年谱》（黄叔琳）之记无为教、《思补老人手订年谱》（潘世恩）、《稚圭府君年谱》（周之琦）之记江西编钱会均有参考价值。

4. 重大历史事件方面

《平南王元功垂范》（尚可喜）、《李文襄公年谱》（李之芳）、《陈恪勤公年谱》（陈鹏年）、《范忠贞公年谱》（范承谟）等谱都记有"三藩事件"的资料；

《雅园居士自叙》（顾予咸）记有清初"哭庙案"的相关资料；

《梦庵居士自编年谱》（程庭鹭）、《海梁氏自叙年谱》（杨国桢）、《葛壮节公年谱》（葛云飞）、《兰史自订年谱》（王锡九）、《稀龄追忆录》（黄恩彤）等谱均记有与鸦片战争史事有关内容；

《惕盦年谱》（崇实）记咸丰三年（1853年），太平军声势甚大，清廷向包括崇实在内的18家富宦勒捐饷银的情景，足见清廷财政之枯窘；

《吴兴周梦坡先生年谱》（周庆云）、《张文襄公年谱》（张之洞）中记有戊戌变法时期"东南互保"的相关情况。

5. 制度与政策方面

《孙宗彝年谱》（孙宗彝）顺治十三年（1656年）条记高邮地方

按房征役的困苦情况。顺治十八年（1661年）条记高邮地方按田、按丁征役的苛烦，而丁差尤苦的情状，可见清初徭役制的残民；

《蒙斋年谱》（田雯）记康熙前内阁中书的不为人重视，《易斋冯公年谱》（冯溥）记派汉官考察满员一事，康熙五年（1666年）条记议派大臣二员在各省督抚衙门旁设署考察督抚而遭反对一事，均与当时的官制有关；

《漫堂年谱》（宋荦）、《范忠贞公年谱》（范承谟）、《楼山省身录》（王恕）等记康雍乾时的江南漕运的状况，与漕运制度有关；

《介山自订年谱》（王又朴）、《先水部公年谱》（许惟枚）等所述多与盐政有关；

《栗大王年谱》（栗毓美）、《陈恪勤公年谱》（陈鹏年）等所述多与河工有关；

《仁庵自记年谱》（魏成宪）道光元年条记山西丁徭合办事，与田赋制度有关；

《海梁氏自叙年谱》（杨国桢）、《述庵先生年谱》（王昶）等所述多与铜政有关；

《容庵弟子记》（袁世凯）记新建陆军的建制与扩展等事；

《撝庐氏自编年谱》（童以谦）、《开封府君年谱》（孙孟平）、《惜分阴轩主人述略》（周憬）等记太平天国在安庆、嘉定、无锡等地推行乡官制度之事。

6. 自然灾害方面

《吴文节公年谱》（吴文镕）、《绳其武斋自纂年谱》（黄赞汤）

均详细地记录了鸦片战争后，由于五口通商使旧交通线上的运输工人与某些相关行业的人员失业的情况，以及这一情况将对社会秩序的影响；

《马端敏公年谱》（马新贻）、《崇德老人自订年谱》（曾纪芬）等记太平天国失败后，封建剥削制度恢复和发展的具体事例。《王文勤公年谱》（王庆云）记有清代的徭役与田赋；

《黄昆圃先生年谱》（黄叔琳）记乾隆四年（1739年）六月山东五十三个州县蝗灾与山东曹县黄河

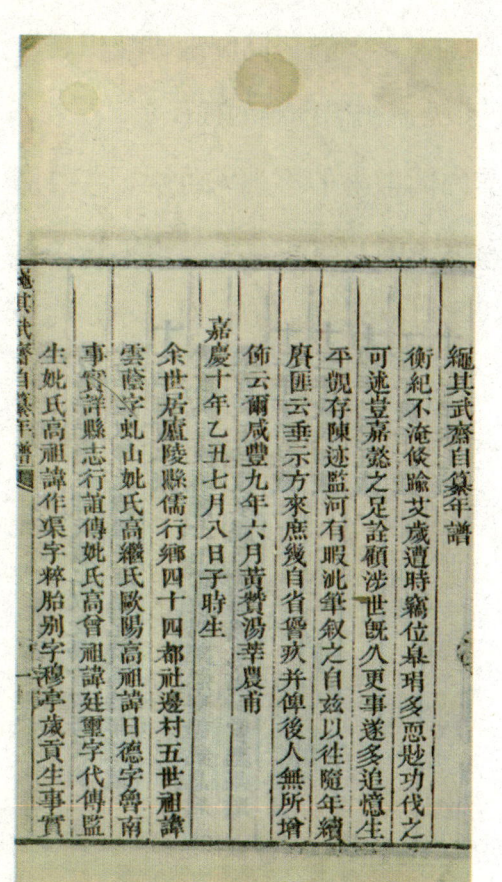
▲《绳其武斋自纂年谱》书影

泛滥，致使七十余个州县遭受水灾之患。

尽管这一类年谱中有一些可供参阅的史料，但也必须认识到其中有许多年谱或出于自订或出于子孙及友生之手，不免有夸大之嫌，如林绍年编的《张制军年谱》说"湘军之发现"始于张亮基；徐广缙的《仲升自订年谱》就掠取群众抗英斗争之功为己有，均非事实。有的年谱甚至还为谱主的污行曲加讳辩，如金鹤冲编的《钱牧斋先生年谱》（钱谦益）就有意为谱主的降清行为辩解，在其跋中竟言："先生当危亡之际，将留身以有待，出奇以制胜，迄无所成，而为腐儒所诟詈，亦先生之不幸也。"并以此观点收集资料，恣意谬列。又如严璩编《侯官严先生年谱》为其父严复参加"洪宪帝制"强词辩护。

有些年谱摘引奏疏、著作甚多，易于翻检，但假如所据原书存在刊印传本，则应溯本求源去检核最初的原始材料，以尽量避免传讹之误。因此，对于此类描述都应该详审事实，严加剖析。

第三，年谱所记资料是其他书册中所没有的，有助于论证问题使其更加全面、有力，有的甚至还能解决存疑的问题。这类年谱的数量比较少。在此，我们列举了以下几种：

1.《冯旭林先生年谱》（冯春晖）道光三年（1823年）条记山东临清马进忠起义甚详。此次起义虽为时不过三个月，但声势遍及河北、山东，立"天心顺"年号，设大将军、军师、尚书等官职，最后惨遭杀害与处刑的有五百余人。这是李文成起义失败后的一次较大的起义，此类描述在其他著述中并不多见。

2.《赵客亭先生年谱略》（赵于京）在康熙四十八年（1709年）条记述河南卢氏棚民反抗斗争情况比较详细。南山棚民的反抗，清人著作多有涉及。但对于河南棚民的反抗的相关情况并不多见。

3.《文忠公自订年谱》（文祥）咸丰三年（1853年）二月条记述太平军攻克金陵后，北京的"阖城钱铺于二月初同日关闭，……任京职者纷纷告假出都"。同年九月条又记述了太平军北伐至天津之时，"内外城均设严防，京官甚有不待请假即仓惶出城者"，于此可见革命声威之盛的具体情况，其他记载也并不多见。

4.《余孝惠先生年谱》（余治）咸丰三年（1853年）至同治三年（1864

年）间各条,记录谱主先后撰写《劫海回澜文》三卷及《亲恩歌》《英雄谱》《劝农同胞案》《公侯赞》《绿林铎》《解散歌》《皇恩歌》等反动诗歌戏曲,并绘有《江南铁泪图》四十余帧到处劝捐,大肆攻击革命,妄图从思想上瓦解和破坏革命。谱主竟因此而由附生被保举为训导加光禄寺署正衔。此可为地主阶级对太平天国革命进行反动的思想斗争的实例。

5.《恬退老人自订年谱》（许鋐）光绪元年（1875年）条记谱主父春荣始为布贩,同治五年（1866年）就开设了大丰洋布号,成为洋布商。光绪二十四年（1898年）条则记春荣已于光绪十六年（1890年）由洋布商出任德华银行华方经理,成为金融买办,而谱主则先后入英商有利、汇丰及德华银行供职,成为金融买办的候补者。由此可见一个普通布商到金融买办的具体转变过程。

6.《鹤间草堂主人自述苦状》为王清瑞（又名王清亮）的自撰谱,附于《华亭王氏族谱》中,因此没有被人注意。此谱于道光二十二年

（1842年）六月条下自注："余辑《溃痈流毒》一书"。谱后所附姚椿一诗的自注中也说："君辑《溃痈流毒》一书，详载英夷反复事"。这可以解决《溃痈流毒》作者之谜。

7.《乐农自订行年纪事》（荣德生）是一部民族资本家的发家史，记荣家由经营钱庄，进而经营面粉、制米、纱厂等产业的过程，可以看出一个高利贷者如何转化为民族资本家的具体过程。

第四，某些史料在一些正式史籍中未有记载，但又对了解历史很重要。如《梁燕孙先生年谱》，因谱主浮沉于清末民初政坛时间较长，又参与政事机要，年谱编者又着眼于政治，所记之事多与政局变幻有关，颇便稽考，对于研究清末民初史事有比较重要的参考价值。又如科举得功名后，社会地位与经济地位的显著变化。我们知道，年谱对个人荣辱、家族兴衰往往均有较详细的记录，如《黄劬云年谱》中记顺治八年（1651年）谱主中秀才时，就可免胥吏之勒索："是时余幸得一衿，庶吾父得免里甲之株连，胥役之逼勒，不至以非辜受楚，被羁挚。"而十一年（1654年）中举后情状更为改观，谱言："迨念五日发榜，余中式第五十一名而后，喜可知也。四方亲友或馈米，或予银皆来称贺。且公言曰：此祖业悉听赎回。由是奕叶箕裘，借以不坠。昔日之屡空者，一朝而充裕；昔日之徒步者，一朝而舆从。功名之际，盖可忽乎哉！"可见范进中举之稗说也是有一定根据的。

上述数例可以证明年谱中确实有比较有价值的史料，但苦于这类年谱为数较少，又较为零散，如果能细加翻检则所获史料一定对我们有所帮助。

■ 实用效应

年谱记录记载了谱主的字号，生卒年、籍贯、出处等内容，而一般传记及年里生卒工具书往往有谬误，以致贻误用者。现在，我们就以姜亮夫所撰的《历代人物年里碑传综表》为例来说明此点。

1937年，《历代人物年里碑传综表》初刊，1959年修订重刊。全书收录人物多达一万一千余人，前后历时两千余年。表分姓氏、字号、籍贯、岁数、生年、卒年及备考（即碑传出处）七项。全书所收人物范围之广，起讫时间之长，至今尚无第二本书可与之相比。而成书之后，撰者又增补订正，耗费了大量的精力，以期待做到完善。但由于人物记载歧出，资料难于收集，这里面存在有讹差也是避之不及的。

以清人年谱与《历代人物年里碑传综表》清代部分相比，多处存在出入。现列举五个方面来加以说明：

1. 一人两载

《历代人物年里碑传综表》序例："一人两载的事，不出两种原因：一是碑传中名号不一，因而歧出；一是碑传中有生卒皆书者，有只书卒年者，各据入录，遂致歧出。这是最难扫清的一件事。"实则两载之人，往往行篇相连，若细加校勘，是比较容易发现的，现列举以下四例：

1.《历代人物年里碑传综表》511页分载钱汝霖，何汝霖两条，中间隔四人。二汝霖生卒得年均为明神宗万历四十六年（1618年）至清康熙二十八年（1689年），得年72。其相异部分是：

  钱汝霖 字云士 海盐人 备考栏注称：钱象仁撰紫云先生年谱

  何汝霖 字商隐 缺籍贯 备考栏注称：清有两何汝霖

  〔注〕钱汝霖六世孙钱聚仁于道光七年（1827年）曾撰《紫云先生年谱》，一题《商隐公年谱》。谱载谱主钱汝霖，字云耛，号商隐，浙江海盐人。《历代人物年里碑传综表》所据即此谱，但舛误有四：

  ①"云士"与"云耛"音同，或两用，但应以谱载为准；

  ②"钱象仁"应作"钱聚仁"；

  ③钱汝霖本姓何，先世育于钱，遂承钱姓。此何汝霖实为钱汝霖的本名，二者实则为同一人；

  ④备考注称"清有两何汝霖"。所谓另一何汝霖据《知所止斋自订年谱》称：谱主何汝霖字雨人，又字润之，江苏江宁人。清乾隆四十六年（1781年）生，咸丰二年（1852年）卒，时年72岁。而明清之际何汝霖乃钱汝霖本姓之名。

  2.《历代人物年里碑传综表》485页分载李天植、李确二条，中间仅隔李清一人。两条所记生卒年尽同，其相异之处是：

  李天植 字因仲 平湖人

  李 确 字潜夫 乍浦人

  〔注〕李确条备考栏注："原名天植，字园仲，后更今名，号蜃园。"据此即可判定天植与确实为同一人。罗继祖编《李蜃园先生年谱》载谱主李天植，字因仲，后更名确，字潜夫，浙江乍浦人。乍浦是平

湖县属东南港口，因此李天植与李确本为一人，不应予以两载。

3.《历代人物年里碑传综表》642页记载：

钱杜　叔美　仁和　八二　清高宗乾隆二九甲申一七六四

清宣宗道光二五乙巳一八四五　备考栏注：初名榆，号松壶，或作卒道光二十四年　清画家诗史已下　清代学者象传四

墨香居画识九　程序伯文集。

又732页记载：

钱杜　叔美　仁和　缺岁数及生卒　备考注称：初名榆，号松壶　墨香居画识九　清画家诗史已下　清代学者象传卷四或作卒道光二十四年。

〔注〕此误似即《综表·序例》中所称："碑传中有生卒皆书者，有只书卒年者，各据入录，遂致歧出"而"最难扫清者"。但这两条所据碑传基本相同，不应有误。

4.《历代人物年里碑传综表》690页列王权、王源通为两条，中间仅隔二人。二条生卒年相同。其相异部分为：

王权　缺字及籍贯　备考栏注：王廷鼎作府君年谱

王源通　蟾生　震泽人　备考栏注：初名权　俞樾撰王蟾生传

〔注〕王权之子王廷鼎撰《王蟾生年谱》二卷（原题《府君年谱》），谱称谱主王权，后更名为源通，小名传声，因谐其声曰蟾生而为字。谱前即附俞樾撰传一篇。《历代人物年里碑传综表》既于王源通条注称"初名权"，又于王权条注引府君年谱，其误极易核正。此二条应

并作一条，其式可作：

王源通　字蟾生　震泽人　备考栏注称：初名权。王廷鼎：《府君年谱》。

2. 名号缺误

《综表·序例》称："一人名、字、号，往往有记载异者，兹以所用碑传为主，其异说或亦偶尔采入。但一人别号有至数十个者，则非本书所能容纳，故采入者以通行的为主。"尽管如此，名号仍有缺误者。现举13例：

1.《历代人物年里碑传综表》493页记载：

陶汝鼐　字燮友　备考栏注称：号密庵。

〔注〕梅英杰《陶密庵先生年谱》称：谱主陶汝鼐字仲调，一字燮友，别号密庵。如此，则应以字仲调为是。

2.《历代人物年里碑传综表》494页记载：

万寿祺　字介石　备考栏注称：号年少。

〔注〕罗振玉《万年少先生年谱》称：谱主万寿祺，字介若，一字年少，则《历代人物年里碑传综表》之字"介石"应为"介若"。

3.《历代人物年里碑传综表》561页记载：

唐执玉　字益功　备考栏注称：又字苏门。

〔注〕唐鼎元《清大司马蓟门唐公年谱》：谱主唐执玉，字益功，号蓟门。"苏门"为"蓟门"，显然错误。

4.《历代人物年里碑传综表》563页记载：

沈近思　字闇斋　备考栏注称：又字位山，号俟斋。

〔注〕清沈曰富撰《沈端恪公年谱》二卷，谱称：谱主沈近思，字位山，号闇斋，又号俟轩。是《历代人物年里碑传综表》将字号误倒，而"俟轩"又写成了"俟斋"。

5.《历代人物年里碑传综表》563页记载：

张朝晋　字华皋　备考栏注称：号北湖。

〔注〕清张京颜《先府君北湖公年谱》称：谱主张朝晋，字莘皋，号北湖。"华皋"应为"莘皋"。

6.《历代人物年里碑传综表》594页载：

陈大化　缺字　备考栏注称：陈诗撰《廉访陈公年谱》。

〔注〕陈诗《廉访陈公年谱》称谱主陈大化，字鳌士，号蓟池，一作蓟池。《历代人物年里碑传综表》所据即此谱，但字付缺。

7.《历代人物年里碑传综表》595页记载：

阿桂　字文成　备考栏注称：王昶等纂《阿文成公年谱》34卷。

〔注〕王昶等纂《阿文成公年谱》称：谱主阿桂，姓章佳氏，字广庭，号云岩，卒谥文成。由此可知，"文成"应为其"谥号"而非字。

8.《历代人物年里碑传综表》621页记载：

孙蔚　缺字　备考栏注称：《逸云居士年谱》（自订）。

〔注〕孙蔚自编《逸云居士年谱》称：谱主孙蔚，初名家模，字受全，后更今名，别字守荃，号逸云居士。谱载字号甚详，而《历代人物年里碑传综表》却均付缺。

9.《历代人物年里碑传综表》663页记载：

斋清阿　缺字　备考栏注称：斋常恩《斋威烈公年谱》。

〔注〕常恩编《斋威烈公年谱》称：谱主斋清阿，姓纳喇氏，字祝澄，号竹塍。《历代人物年里碑传综表》虽据此谱而未载字、号。又"常恩"作"斋常恩"系不明满人姓名制度，而将其父名首字误沿用作子姓。

10.《历代人物年里碑传综表》670页记载：

庄裕泰　缺字　备考栏注称：庄长善等同撰《庄毅公年谱》。

〔注〕长启长善等编《裕庄毅公年谱》称：谱主裕泰，姓他塔喇氏，字东岩，号余山，卒谥庄毅。此"庄裕泰"之条目应作"裕泰"，《历代人物年里碑传综表》将谥号庄毅之上一字冠于裕泰前作姓，实为大误，又将庄字冠于裕泰之子长善作姓。

11.《历代人物年里碑传综表》676页记载：

徐栋　字玖初　备考栏注称：玖初自谱，子炳华等续。

〔注〕《致初自谱》载谱主徐栋，初名棻，字德为，号志初，后改致初，别名筱麓。《历代人物年里碑传综表》既误"致初"为"玖初"，又不列字德为而将号作字，谱名也随之错误。

12.《历代人物年里碑传综表》676页记载：

李基溥　缺字　备考栏注称：思补过斋主人自叙年谱。

〔注〕基溥自叙年谱称：谱主基溥，字润野，号焕堂，正白旗汉军人。其子钟文曾为此谱作双行补注。钟文自冠汉姓李作李钟文，曾自编《十

年读书之后主人自叙年谱》（许氏传抄本）。基溥未冠汉姓，是否不应该以其子之汉姓冠于"基溥"之前？

13.《历代人物年里碑传综表》682页记载：

王懿德　缺字　备考栏注：王家勤撰王靖毅公年谱。

〔注〕《王靖毅公年谱》称：谱主王懿德，字绍亭，号春岩，又号雨坡。《历代人物年里碑传综表》既据此谱，为什么未附其字？

3. 籍贯缺误

《历代人物年里碑传综表》序例称："本书籍贯大体仍以碑传所载为主，假若正史与碑传同有之人则大体以正史为主。"意即不论所载为州郡、为县镇，或为古地名，皆一以碑传、正史为归，但仍有缺误者。兹举六例：

1.《历代人物年里碑传综表》571页记载：

王恕　山西太原人。

〔注〕据王恕自编《楼山省身录》其应为四川安居人。

2.《历代人物年里碑传综表》594页记载：

陈大化　籍贯缺载　备考引陈诗撰《廉访陈公年谱》。

〔注〕陈诗撰《廉访陈公年谱》称，陈大化，安徽庐江人。《历代人物年里碑传综表》据此谱而漏著。

3.《历代人物年里碑传综表》594页记载：

韩锡胙　籍贯缺载　备考引刘耀东撰《韩湘岩先生年谱》。

〔注〕刘耀东撰《韩湘岩先生年谱》称，韩锡胙，浙江青田人。《历

代人物年里碑传综表》据此谱而漏著。

4.《历代人物年里碑传综表》625页记载：

德楞泰　籍贯缺著　备考引花沙纳撰《德壮果公年谱》。

〔注〕花沙纳撰《德壮果公年谱》称，德楞泰，蒙古正黄旗人。《历代人物年里碑传综表》据此谱漏著。

5.《历代人物年里碑传综表》640页记载：

升寅　籍贯缺著　备考引《升勤直公年谱》。

〔注〕宝林等撰《升勤直公年谱》称：升寅，满洲镶黄旗人。《历代人物年里碑传综表》据此谱而漏著。

6.《历代人物年里碑传综表》652页记载：

冯春晖　籍贯缺著，备考引王心照撰《冯旭林先生年谱》。

〔注〕王心照编《冯旭林先生年谱》称：冯春晖，河南光州人，《历代人物年里碑传综表》据此谱而漏著。

4. 得年、生卒年缺误

《综表·序例》："本书重点在生卒，故对此不能不十分审慎"。修订本确有订正，但仍有缺误者。兹举10例：

1.《历代人物年里碑传综表》492页记载：

李世熊　万历二十八年（1600年）生，康熙二十三年（1684年）卒，年85岁。备考栏注称：或作卒1683年，世熊自编寒友岁纪。

〔注〕李世熊自编《李寒支先生岁纪》称：谱主李世熊，明万历三十年（1602年）生，清康熙二十五年（1686年）卒，年85岁；又

黎士弘《托素斋文集》卷四载谱主墓表所书生卒年与《岁纪》同，《历代人物年里碑传综表》生卒年均有误，又"寒友岁纪"当为寒支之讹。

2.《历代人物年里碑传综表》496页记载：

傅山，明万历三十三年（1605年）生，清康熙二十九年（1690年）卒，年86岁。

〔注〕丁宝铨编《傅青主先生年谱》称：傅山，明万历三十五年（1607年）生，清康熙二十三年（1684年）卒，年78岁。丁编傅谱，资料丰富，又经缪荃孙、罗振玉等参订，傅山生卒年及得年似应以此为准。

3.《历代人物年里碑传综表》566页记载：

鄂尔泰，康熙十六年（1677年）生，乾隆十年（1745年）卒，年69岁。

〔注〕容安等编《襄勤伯鄂文端公年谱》称：鄂尔泰康熙十九年（1680年）生，乾隆十年卒，年66岁。《历代人物年里碑传综表》误增三岁。

4.《历代人物年里碑传综表》575页载：

耿介，缺生年，康熙二十七年（1688年）卒，缺年龄。备考栏注称："碑传集作卒年七十一，则生于一六一八年。"

〔注〕耿介自编《纪年述略》(《敬恕堂文集》附)称："先太恭人……尝从容为余言曰，忆昔癸亥年闰十月十八日夜半十时将生汝之时。"可见生于癸亥。又《敬恕堂文集》卷首窦振起撰《嵩阳耿先生纪略》称："先生生于明天启三年癸亥十月十八日，卒于皇清三十二年癸酉二月二十六日，享年七十有一。"可知耿介当生于明天启三年（1623年），卒于清康熙三十二年（1693年），年71岁。此可补《历代人物年里碑

传综表》生年及年龄之缺漏，正卒年及备注之舛误。

5.《历代人物年里碑传综表》570页载：

王又朴　康熙二十年（1681年）生，乾隆二十五年（1760年）卒，年80岁。备考栏注称：据《介山自定年谱》。

〔注〕《介山自定年谱》自记至乾隆二十五年：80岁整。但谱前具载谱主于乾隆二十六年（1761年）二月初三自叙一篇，则谱主绝非卒于乾隆二十五年，寿亦不止80岁。《历代人物年里碑传综表》误以自谱之止年为谱主之卒年。

6.《历代人物年里碑传综表》530页记载：

李因笃　崇祯六年（1633年）生，缺卒年，年岁估定为74岁以上。

〔注〕吴怀清编《天生先生年谱》称李因笃崇祯四年（1631年）生，康熙三十一年（1692年）卒，年62岁。吴怀清曾于谱中考订称："按康熙十八年己未先生告终奏疏云：臣年四十有九。又顾宁人是年与先生书亦云：弟年四十有九。依此逆推，当生崇祯四年辛未……《续疑年录》作崇祯六年癸酉生误"。如此，则《历代人物年里碑传综表》所估定之74以上之年龄亦误，应为62岁。

7.《历代人物年里碑传综表》594页记载：

韩锡胙,康熙五十五年(1716年)生,卒年缺,备考注引刘耀东撰《韩湘岩先生年谱》。

〔注〕刘耀东撰《韩湘岩先生年谱》称韩锡胙,康熙五十五年(1716年)生,乾隆四十一年（1776年）卒,年61岁。《历代人物年里碑传

综表》据谱而缺卒年与年岁。

8.《历代人物年里碑传综表》625页记载：

德楞泰　乾隆十四年（1749年）生，嘉庆十九年（1814年）卒，年66岁。备考引花沙纳撰《德壮果公年谱》。

〔注〕花沙纳编《德壮果公年谱》称德楞泰乾隆十年（1745年）生，嘉庆十四年（1809年）卒，年65岁。《历代人物年里碑传综表》据此谱而生、卒年及年龄均误。

9.《历代人物年里碑传综表》632页记载：

凌廷堪　乾隆二十年（1755年）生，嘉庆十四年（1809年）卒，年55岁。备考引《凌次仲先生年谱》。

〔注〕张其锦编《凌次仲先生年谱》称：凌廷堪乾隆二十二年（1757年）生，嘉庆十四年（1809年）卒，年53岁。《历代人物年里碑传综表》据此谱而误录生年，从而年龄亦误。

10.《历代人物年里碑传综表》638页记载：

杨遇春　乾隆二十五年（1760年）生，道光十七年（1837年）卒，年78岁。备考引李惺撰墓志铭，并称当从杨国桢撰《忠武公年谱》作生乾隆二十六年。

〔注〕杨国桢等撰《忠武公年谱》载谱主生于乾隆二十六年庚辰十二月二十五日辰时。但庚辰为二十五年，而二十六年为辛巳，又核全谱所记年次，亦应为二十五年，是"六"字或系"五"字误刻。《历代人物年里碑传综表》据李惺墓志铭定为二十五年生，本无误。

而备考中不应从杨谱误刻之误。又杨遇春十二月二十五日生已为公元1761年1月30日，既知具体生年月日，则换算亦当求其精确，作1761年生。

5. 出处、编者、书名缺误例

1. 一书分为二者

①《历代人物年里碑传综表》577页厉鹗，备考引朱文藻编《厉樊榭先生年谱》及缪荃孙编《厉樊榭先生年谱》二种。

〔注〕缪编系缪荃孙据朱文藻稿本增补而成。收入《嘉业堂丛书》。谱后有刘承干跋一篇，记缪氏增补经过及取材来源。故应注朱文藻编、缪荃孙增订《厉樊榭先生年谱》，或于朱编下注明稿本，以免学人查找。

②《历代人物年里碑传综表》510页魏象枢，备考引魏学诚编《魏敏果公年谱》及象枢自订的《寒老人年谱》。

〔注〕此谱系魏象枢口授，子魏学诚编录，不宜列为二种，《寒老人年谱》为《寒松老人年谱》之误，与《魏敏果公年谱》为同书异名。

③《历代人物年里碑传综表》650页顾广圻，备考引赵诒琛编《顾千里年谱》及金山姚氏编《顾千里年谱》二种。

〔注〕赵、姚二编实出一手。赵诒琛原编顾谱一卷，民国十九年金山姚氏据赵稿收入《复庐丛书》铅印，为初刊本，不分卷。后赵诒琛又增修于次年再刊，析为二卷，故不宜题姚编。

2. 作者缺误

①《历代人物年里碑传综表》498页胡承诺，备考引《胡石庄年谱》

而称不著撰人。

〔注〕《胡石庄年谱》题胡玉章编，有《湖北丛书》本，不得题不著撰人。

②《历代人物年里碑传综表》504页陈瑚，备考引孙溥撰《安道公年谱》。

〔注〕《安道公年谱》确题孙溥撰，然此指陈瑚之孙陈溥所撰。非姓孙名溥。《历代人物年里碑传综表》误以孙为溥之姓而误题孙溥撰。

③《历代人物年里碑传综表》563页张朝晋，备考引张守颜撰《北湖先生年谱》。

〔注〕《北湖先生年谱》系谱主之子张京颜撰，《历代人物年里碑传综表》误为张守颜。

④《历代人物年里碑传综表》563页黄叔琳，备考引颜镇撰《黄侍郎年谱》。

〔注〕《黄侍郎年谱》系谱主门人顾镇所撰。《历代人物年里碑传综表》误题颜镇撰。

⑤《历代人物年里碑传综表》586页全祖望，备考引董纯撰《全谢山（祖望）年谱》。

〔注〕《全谢山年谱》系谱主门人董秉纯所撰，《历代人物年里碑传综表》误为董纯。

⑥《历代人物年里碑传综表》690页张亮基，备考引林绍年撰《张制军年谱》。

〔注〕此谱原题确作林绍年撰，实则为谱主之孙张祖祐据谱主自订年谱稿辑成而请林绍年删定。据该谱所附林绍年跋称："光绪甲辰余拜命摄黔抚事，公孙祖祐邮致所辑公年谱二卷就正于余。"又张祖祐跋称："光绪甲辰（1904年）二月祐始就先大父所遗年谱原稿续辑为年谱二卷……以姑丈林赞虞尚书秉笔史馆，历抚滇黔，于公当时情事知之较确，脱稿后即请订正，复经林丈芟烦补缺，详加考订。"因此，撰者不宜仅题林绍年。

3. 书名有误

《历代人物年里碑传综表》676页徐栋，备考引《玖初年谱》。

〔注〕徐栋字致初，自编《致初年谱》，《历代人物年里碑传综表》既误徐栋字为玖初，遂误谱为《玖初年谱》。

6. 排次颠倒例

工具书最大的特点就是便利用者，人物次序自应依生卒为先后。《历代人物年里碑传综表》生年尚有次序，而同年生人则不依卒年为次序，以致排次颠倒，翻检不便，其例比较多，此处仅举三则：

1.《历代人物年里碑传综表》494页，自秦重采至刁包14人均生于万历三十一年（1603年），而卒年早者有在崇祯十七年（1644年），晚者有在康熙十八年（1679年），排次混乱。

2.《历代人物年里碑传综表》502页，自张尔歧至黄机15人均生于万历四十年（1612年），而卒年早者有在顺治二年（1645年），晚者有在康熙三十三年（1694年），排次混乱。

3.《历代人物年里碑传综表》728 页，自陆润庠至刘春霖 15 人均生于道光二十一年（1841 年），而卒年早者有在光绪十五年（1889 年），晚者有在民国四年（1915 年），排次混乱。

■ 年谱的工具书

存世的年谱数量较多，翻检查阅的工作非常烦难，从卷帙浩繁的书海中去搜寻实属不易，为了方便人们检索年谱，本书特别介绍以下几种查阅年谱的工具书：

1.《江苏省立国学图书馆历代名人年谱集目》（载 1929—1931 年江苏省立国学图书馆第二至四年刊）汪闇　编

此年谱共收馆藏年谱单行本及刊于丛书、专集及杂志中的年谱近 500 种，记录谱主、编者、异名与版本等，以谱主时代先后为次，注明其生卒年月，详细其刊刻版本。

2.《年谱考略》（载 1929 年 7 月—11 月国立北平图书馆月刊第三卷第一至五号）梁廷灿　编

此为最早成书的一部年谱专目，共收谱 400 余种，每谱列谱主姓名、谥号、别号、籍贯以及生卒年。对年谱不同版本有著录，但并不完备。有转录之其他目录书者则详记出处。

3.《中国历代名人年谱目录》（1941 年商务印书馆出版）李士涛　编

此谱收录谱主 964 人，年谱 1108 部，其中显然包括一人多谱者。

4.《共读楼所藏年谱目》（1935—1936年人文月刊六卷七期至七卷二期，另有抽印单行本）陈乃乾 编

此为私人收藏年谱的专目，按年谱编者分为自编、家属所撰、友生所编与后人补编等类，类下按谱主时代排序，"将谱主生卒年分记于上下端，上端为生年，下端为卒年，皆以本谱为据，谱所未详者，不为查补。"共计收录年谱500余种。著录以所藏为限，普通可见之谱但未收藏者均不收录，杂志中的分期连载者，也不入目。

5.《中国历代人物年谱集目》（1962年铅印本）杭州大学图书馆资料组 编

此目所收不限馆藏，除著录所见年谱外，还转著了其他目录书中所见年谱目。共收录1840种。

6.《上海图书馆馆藏年谱目》（1957年油印本）上海图书馆 编

此谱专收录1956年前馆藏线、平装单行本，丛书本与专集附刊本。不收期刊中所载年谱。共计收谱680余种。其著录以时代为序，以朝代为类，以生年为次。卷末附有谱主姓名索引。

7.《中国历代年谱总录》（1980年书目文献出版社出版）杨殿珣 编

此录凡编者经眼之谱编为《年谱总目》，仅见于著录有待访求者编为《待访年谱简目》，末尾处附有《谱主姓名别名索引》。共计收谱主1829人，年谱3015种，以谱主生年为序。

8.《中国历代人物年谱考录》（1992年中华书局出版）谢巍

编撰

此为通代年谱目录，共计收录年谱 6259 种，谱主 4010 人。

此录分为正编、附编两部分。正编十一卷，自虞夏起至近现代，并立待考一卷；附编七卷，分合编、合刊、齿谱、通谱与年表数种。书末处附有《谱主姓名索引》及《年谱收藏单位简称表》。

于每一谱条目之下，分列编者、版本、备注三项，可供参考。

9.《近三百年人物年谱知见录》（1983 年上海人民出版社出版）来新夏　编著

此为断代的年谱提要目录，全书共分为六卷，前五卷收录自明清之际至生于清而卒于辛亥以后的人物共八百余种，每一种年谱写一篇书录，其一人多谱者，仅略去谱主事略部分。此谱书著录谱名（包含年谱异名）、撰者、刊本、著录情况、谱主事略、编谱情况、史料。其史料著录部分对于证史论史最有裨益。第六卷附录有两部分，一为《知而未见录》，著录见于其他书目或著述而尚未获见者；二为索引两种，即谱主索引和谱名索引。

另外，一些馆藏丰富的图书馆也会有自编书目，但大多在馆藏总目内，此处就不再一一列举了。当然，近些年来一些新编年谱大量问世，上述年谱工具书已难将存世年谱全部囊括，加上原本有的工具书未能搜罗殆尽，因此年谱工具书内容上需要频繁更新，以利人们检索。

我国古代科举常见称谓

状 元

状元，科举考试以名列第一者为元。唐代举人赴京应礼部考试均须投状，为此称进士科及第的第一名为"状元"，有时也称"状头"。宋代以殿试第一名称"状元"。明清施行会试制度之后，贡士须作殿试，分三甲取士，一甲三名，第一名为状元。

榜 眼

榜眼，科举殿试一甲第二名称榜眼。北宋初期，殿试录取的一甲第二、三名都称榜眼，意思是指榜中双眼。明清时期专指第二名。

探 花

探花，科举殿试一甲第三名称探花。唐代进士曲江杏园初宴，称"探花宴"，以同榜俊秀少年进士二三人为探花使，遍游名园，探采名花，"探花"之名由此而出，宋代又称"探花郎"。南宋以后，专指殿试一甲第三名。元明清三代沿袭此称谓。

会 元

会元，科举制度中乡试中式为举人，举人会试中式第一名为会元。

进 士

进士，即贡举的人员。唐代科目中以进士科最被重视，明、清时期，始以进士为考中者的名称，举人经过会试考中者为贡士，由贡士经过殿试录取者为进士。

贡 士

贡士，古代向朝廷荐举人才的制度。自唐代以后，经乡贡考试合格的称为"贡士"。清代，会试考中的为贡士。

解 元

解元，唐代，举进士者皆由地方解送入试，故称乡试第一名为"解元"。宋以前称"解头"。

举 人

举人，本是历代对各地乡贡入京应试者的通称。明、清两代，为乡试考中者的专称，作为一种出身资格，中了举人称"发解""发达"，简称"发"。

秀 才

秀才，又称"茂才""相公"。汉代以后，成为荐举人才的科目之一。南北朝时期，最重此科。唐代初期，设秀才科，后渐渐被废，仅作为一种对一般儒生的泛称。明太祖朱元璋曾采取荐举的方法，举秀才数十人，反以知府为官，明清时期，专门用来称府、州、县的学员。

附 生

附生，可溯至明朝。明朝在廪膳、增广生定额之外所取的府州县学生员，因附于廪膳、增广生之后，故称为附学生员，简称"附生"。清朝沿袭了这一称呼。

第三节　年谱的修纂

■ 研究对象

"叙一人之道德、学问、事业,纤悉无遗而系以年月者,谓之年谱。"（朱士嘉《中国历代名人年谱序》）年谱是史籍中比较特殊的一类人物传记体裁。与一般的传记不同的是,一般的传记主要记述的是传主的生平大要,而年谱则是以谱主为主,以时间为序,全面详细地叙述谱主的生平事迹。

年谱的研究对象是某个人物,这个人物就是年谱所叙述和评论的主人,因此称为谱主,如《韩文公年谱》的谱主便是韩愈,《方望溪先生年谱》的谱主便是方苞。纵览从宋到清的年谱,涉及人物的范围很广,特别是清人年谱谱主范围之广实为前代所不及,现以清人年谱为例,谱主大致包括如下各种类型人物:

1. 学　者

清代在前人的各种学术之上均有所继承与发展,在此期间出现了不少学者专家。他们有的自编年谱，叙述治学、读书、师承、著述以阐明其学术要旨所在；有的由门生或亲属纂辑谱主的生平，阐述谱主

▲ 全祖望画像

▲ 顾炎武画像

▲ 段玉裁画像

▲ 张金吾画像

的学术成就以示崇敬；有的因后世学人为了研究某些学者的学术造诣与成就而纂谱。如：

史学家有全祖望、钱大昕等谱；

思想家有顾炎武、黄宗羲、王夫之直至康有为、梁启超、谭嗣同等谱；

文字学家有段玉裁、朱骏声等谱；

理学家有李光地、汤斌等谱；

金石学家有王昶、吴大澂等谱；

经学家有阎若璩、孙诒让等谱；

校勘学家有卢文弨、顾千里等谱；

目录学家有张金吾、姚振宗等谱；

地理学家有徐松、杨守敬等谱；

算学家有梅文鼎、李善兰等谱。

▲ 吴伟业画像

▲ 侯方域画像

▲ 纳兰性德画像

▲ 尤侗画像

2. 文学家

清朝年间刊行的文学作品较多,很多专集一般于刊行时附入自编或他人所编的年谱。有些则是后人为研究谱主作品而进行特别编纂的。因此,这类人年谱在清人年谱中为数较多。如:

诗人——吴伟业、袁枚、陈衍等谱;

古文家——侯方域、方苞等谱;

词人——纳兰性德、厉鹗等谱;

剧作家——尤侗、孔尚任、洪昇等谱;

小说家——吴敬梓、蒲松龄等谱;

通俗文学有屠绅、陈端生与评剧作者成兆才等谱。

其中，孔尚任、洪昇、吴敬梓、蒲松龄等谱为近人所修。

3. 艺术家

一些有成就的书画家与一些有特殊才能的艺人，也有人为他们编著年谱。如：

书法家有郭尚先、包世臣等谱；

画家有吴历、石涛、王时敏等谱；

鉴赏家有周亮工谱；

制砚专家有高凤翰谱；

棋手有施定庵、范世勋等谱。

▲ 郭尚先画像

4. 官僚军阀

上溯军机大臣、大学士，下迄州县官吏等各级官员都有所涉及。如：

军机大臣、大学士有张玉书、朱轼、蒋攸铦等谱；

尚书、侍郎有宋荦、翁叔元、钱陈群等谱；

各省督抚有范承谟、毕沅、邓廷桢等谱；

提督、总兵有杨遇春、葛云飞等谱；

部曹有孙宗彝、顾予咸等谱；

司道有韩锡胙、沈起元等谱；

府州县官有林愈蕃、胡具庆与王祖肃等谱；

学官有焦袁熹、莫与俦等谱；

▲ 张玉书画像

▲ 秋瑾

湘淮军阀有左宗棠、曾国藩、李鸿章等谱；

晚清有袁世凯、段祺瑞、徐世昌等谱；

明臣降清者有洪承畴和钱谦益等谱。

5. 妇 女

为妇女编立年谱始于晚明时期，盛于清代。如：

一些有一定修养与造诣的文人学者，如郝懿行妻、王照圆、薛绍微等谱；

当时或后世有风华德韵的哀艳女性，如董小宛、吴宗爱等谱；

民主革命烈士，如秋瑾等谱；

子为母撰年谱以申孝思的，如尹会一为母李氏撰谱，王先谦为母鲍氏撰谱。

6. 僧 人

以僧人为谱主的年谱，如：

在佛学上有一定造诣的，如读彻、见月等谱；

明清之际为远离改朝换代的政治漩

涡而遁入佛门的，如函昰、今释等谱；

清末曾与民主革命活动有关、后为僧人的著名人物，如苏曼殊、李叔同等谱。

7. 工商业者

以工商业者为研究对象的年谱，如：

由官绅转变而来的近代民族资本家，如张謇等谱；

经营米、丝、盐等业致富的商贾，如高泉、周庆云等谱；

靠帝国主义经济势力起家的买办商人，如徐润、许鋐等谱；

金融资本家，如谈丹崖等谱；

商业的从业人员，如周憬谱。

8. 遗民

遗民是朝代更迭之时一批眷恋故国、不接受新朝代的人物。清初有一批忠于明朝的遗民。如：

继续从事反清活动，如万寿祺、阎尔梅等谱；

隐居不仕的，如邢昉、万泰、傅山等谱。

由于他们都从事讲学与著述

▲ 苏曼殊

▲ 张謇

活动，并大多有专集传世，因此有门人或后学为表示仰慕钦敬和研究的需要而为他们编谱。

9. 其他

除上述各类年谱的谱主外，还有一些不太为人们注意的人物，如仅有秀才功名，一生以教读、做幕客为业的，像康乾时期的张朝晋，其子于其谢世后编谱以代行状；张焕宗则自记一生，仅有稿本而未有刊行；有的从事秘密会道门活动，如与黄崖教案有关的李光炘由门人记其一生云游、传道与收纳门人等诡怪的行事，仅有抄本而无刊本；有的一生无为，也自编一谱记家事，如蒋曾燠自编《延秋山馆自订年谱》，也仅存稿本而未有刊本。这类人物年谱内容的参考价值远不如前几类。

▲ 阎尔梅雕塑

■ 编制体裁

年谱的编制体裁，大致分为文谱、表谱、诗谱与图谱四种。

1. 文谱

文谱是用文字来叙述谱主的生平事迹，并为大多数编谱者所使用的体裁。一种是以年为次，于年下分行顺叙谱主事迹，这种顺叙式年谱大多叙事较为简略，这一种未引据原始资料；另一种是纲目式，即按年以大字为纲记事，有的在目下另附编谱者的按语，对记事与引述资料加以考辨，这类文谱居年谱中最多，或在纲题下用双行小字附注资料来论证记事的可信性，或下行另行详明记事原委，使谱主的事迹更加全面完备。

另外，还有一种非常简略的目录附谱，这一方式往往是在诗文集的目录中，根据诗文编年简记该年的谱主事迹，对了解谱主诗文创作背景有很大帮助，如宋人任渊的《山谷内集注》与史宏的《山谷外集注》，对黄庭坚诗作均按年分卷编次，在目录中均有记事，其格式为：

第一卷

元丰元年戊午

是岁，山谷在北京。

古诗二首上苏子瞻

……

元丰三年庚申

是岁，……

次韵王稚川客舍二首。

这种记事较为简易，但《四库全书总目》却对此备加推崇，认为目录下缀有记事，可"使读者考其岁月，知其遭际，因以推求作诗之本旨"，甚至评定"注本之善不在注本之琐细，而于考核出处时事"，这一说法在便利诗作研究者方面是有一定道理的。清人黄爵滋的《仙屏书屋初集年记》也采用的是文集目录附记事的编制方式。

2. 表谱

表与谱为同一宗源，清代学者多同意此观点，如方东树在《望溪先生年谱序》曾说："年谱者，补国史家乘所不备而益加详焉。吾以为此乃沿迁史十表年月之法而易其形者也。"（《仪卫轩文集》卷五）；汪喜孙也认为年谱"其原出于年表"（《容甫先生年谱》序）；沈涛更认为"表犹言谱，表谱一声之转耳"。

年谱用表的形式表现，但其编法又与表有所不同。有的仍称年谱但却分栏记事，如清人赵殿成编《王维年谱》即分纪年、时事、出处、诗文四栏，分别记事，尽管记事简明，但条理清楚，易于阅览；有的已有年谱，为附入诗文集中简便而将顺叙式年谱改为表式，如清人金荣曾据王士禛自编年谱及惠栋补注改编为表式年谱，表谱前有世系，表谱分纪年、时事、出处、诗文著述四栏，叙述简略，省览方便；有的则直接编为年表，并以年表为名，如清末的赵彦偁《自订年表》，此年表分上下栏记事，内容简单。近人黄涌泉为清代画家费丹旭编有《费丹旭年表》。近代一些著作往往附有谱主大事年表以备查阅。

3. 诗谱

有些年谱用诗体的形式来综述谱主的生平事迹，如清初金之俊自编的《年谱韵编》，用韵语自述一生际遇，为诗体的一种形式，如开篇一段记出生以来的情况，有言道：

虚度古稀七，流光闪电急。

忆从堕地来,父母爱无匹。

……

十三应童试,屡试辄见抑。

十九改麟经,工夫仅百日。

经淑泰靖兄,二十嘉庠人。

岁底始完婚,娱亲谐琴瑟。

……

这一韵编,文字过于俚俗,对一生事迹仅得其大要而已。有的虽以诗记事,但多补充文的说明,形成一种诗文结合体,如乾嘉时的万廷兰曾自编《记年草》,每年作诗一首,低一格附叙事一段。稍后的苏履吉自编《九斋年谱诗》四十首,记一生经历,并于诗句下系以双行小字记事。有的诗谱内容比较丰富,甚至评论时事,如民国初年的遗老方观澜曾自编《方山氏记事诗》,以诗为纲,其下记事。其诗颇具深意,如光绪二十年(1894年)记对甲午战争失败的品评,表达了自己对当时封建社会的认识。

4. 图谱

图谱是一种用图画的形式来表述谱主一生事迹的体裁。以图为主,而附以诗或文作加

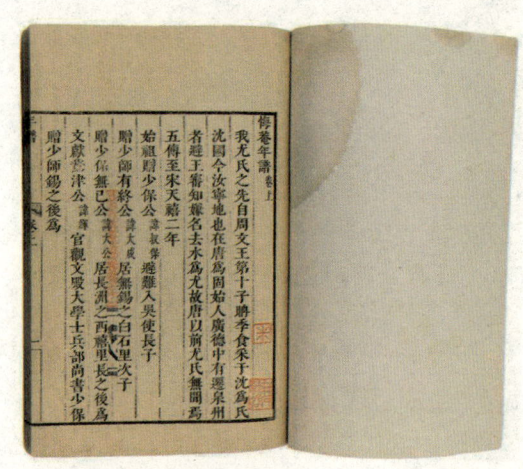

▲《悔庵年谱》书影

以说明。如清初文学家尤侗在自编《悔庵年谱》之后所附的《年谱图诗》,就是将其一生中的事迹择其大者,绘制出16幅图,以记一生主要事件,起到正谱大事纪要的作用。这16幅图诗的产生也是因为谱主认为"生平事迹繁琐,难以枚举,姑摘其大者绘为十六图,各缀小诗,志其本末,用以自娱,亦可贻诸子孙"。

乾嘉时期,学者檀萃古稀之年时,其弟子们为之绘有《默斋先生寿图谱》。谱主在图谱序中称自己70岁时命弟子作图,略述一生事迹,共16幅32图,首尾又各加一幅,题图谱中涉及人物与弟子名字,全谱共18幅,此谱以图之有无表明事迹,未按年份叙述,谱眉注明图名,

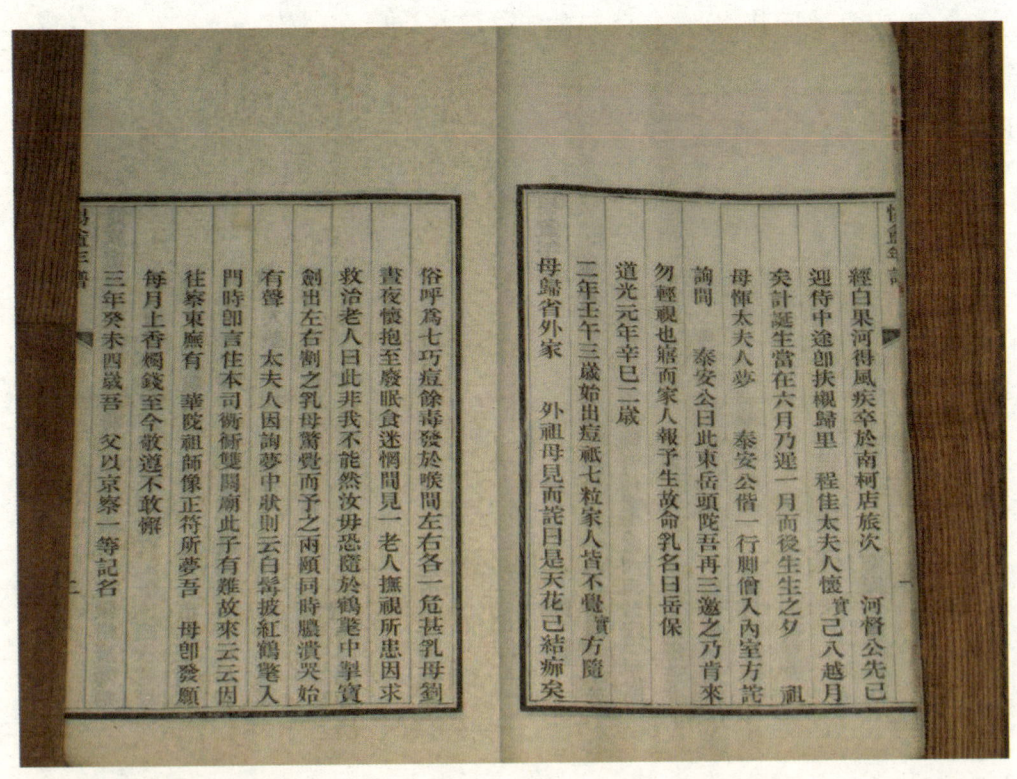

▲《惕盦年谱》书影

即以图中表示的谱主重要事迹为主旨。

嘉道年间，曾任督抚的麟庆在晚年时，请人绘图而自写图记，选取自己一生重要经历，将图谱作为自编年谱。图谱分为三集，每集两册。第一集自出生至道光九年（1829年）（39岁）止，由门人汪春泉所绘，共78帧，合首尾题照各一帧，总80帧；第二集起道光九年至道光二十年（1840年）（50岁）止，由陈鉴、汪圻绘，共78帧，合首尾二帧共80帧；第三集起道光二十一年（1841年）至二十五年（1845年）（55岁）止，仍由陈鉴等绘制，共80帧。谱主卒于道光二十六年（1846年），图谱囊括了谱主的一生。此谱虽非逐年叙述，但图较多，并以年次为序，可称得上是较为完备的图谱。谱主麟庆亦自诩其图为自创一格的年谱，其子崇实在所撰《惕盦年谱》，道光三十年（1850年）条下即有言："吾父所撰《鸿雪因缘图记》告成，由扬州寄到。是书乃吾父生平际遇与夫游历山川得意者，皆制一图，图各一记，手自著作，尝谕实弟兄曰：此即我之年谱而别创一格。"此图谱所记虽以生平际遇和游历山川的得意内容为主，但图记间或有记及时事的，如第一集《震泽瞻龙》的图记，记的是嘉庆十八年（1813年）九月十八日天理教徒攻入宫廷事；第三集《英勇请缨》的图记，记的是鸦片战争时奕经调用河兵及募勇之事，尽管主旨不鲜明，但也足见这些事件影响之深广。上述图谱虽以年为序，尚非年有一谱，而清末民初的陈作仪自绘的《凤叟八十经历图记》，自咸丰六年（1856年）起直至1928年止，将80余年经历年各一图，图下注图记，而从严格意义上说，陈氏图谱才能称得上年谱的真正图谱体裁。

■ 格　式

年谱的格式，即年谱体例。格式屡有变化，经过比较研究，可以按谱主身份的不同而采取不同的格式，即：

一、为学者编谱

需要搜求谱主著作中的要旨，进行分析研究，并广泛地吸取与谱主有关学者的论述，加以"曲畅旁通"，提出个人独立见解，以显示谱主所处时代的思想学说的沿革。

二、后学为前贤编谱

应尽量将谱主专集中的论著纳入谱中，若感还有不足，则可补充最亲近人专集中可采取的内容，以作订正其他记载中的舛误处。

三、为达官显宦编谱

应比较详尽地罗致谱主的重要宦迹，并辑入重要的奏疏和谕旨，以补充国史记载的不完备。

四、谱主评论友朋的言词

谱主评论友朋的言词可以不必回避而记于谱中所及友朋的卒年之下。这样既能考见谱主的见解，又能反映特定时代的思想趋势。

此四类情况并未有什么歧异与争论。对年谱体例争议最集中的问题是繁与简的问题，有人主张应"不避繁琐，详为节录"（王永祥《焦里堂先生年谱》凡例）；另有人则主张年谱取材宜简，"夸多斗靡"（宗稷辰《黄炳〈黄黎洲先生年谱〉跋》）不可取；甚至有人认为"夫谱之不详与无谱等"（清戴钧衡《望溪先生年谱》序）。繁简之争的原因是因为繁者往往芜杂，而简者又多有疏漏，所以各持一方，互攻其弊，这实属无妄的争议，因为是简是繁，完全应由谱主事迹的简繁与年谱刊行形式而定。对于谱主事迹的简繁，梁启超曾提出了自己"附见年谱须简切""独立的年谱须宏博"的见解（《中国历史研究法补编》），即以刊行形式为据而定，不失为一种公允通达之见。

年谱的编制体例有专谱、通谱、合谱之分。它们有共同的格式内容，侧重也有所不同。

（1）专谱

专谱是仅就谱主某一方面的成就或某一时期的活动专门记述的年谱，谱主其他方面活动与中心事业或特定时期无关则概不录入，或仅简略言及而已。

专谱之体大约始于宋程俱所编的《韩文公历官记》，此谱以记韩愈官宦生涯为主，略涉及其文学。宋赵子栎有《杜工部诗谱》，以记杜甫诗作为主。清嘉道时期的校勘学家钱泰吉自道光七年（1827年）至咸丰三年（1853年）间任海宁训导27年，在此期间，因为职务比较清闲，每天以校书为主要内容，并在所校各书的后面写下自己的校记。他的门人唐兆榴根据这些文字为谱主编写了以校书活动为主要内容的专谱——《可读书斋校书谱》。

从这一专谱中既可以看到谱主一生致力之所在，又因谱中著录了谱主校书时所引据的各种不同版本，为版本目录学的研究也提供了很好的参考资料。清末目录学家耿文光一生贩书、藏书、校书、读书。他编写的《苕溪渔隐读书谱》就是将"校书之法、读书之记、藏书之目，合而为一者也"。有的专谱选择谱主的一个方面为叙述主体，如清康熙时期著名画家高凤翰以诗画驰名一时，但他的另一喜好却是治砚，一生蓄砚达千余方，咸丰时期的钱侍辰专门以高氏制砚、刻砚活动为主编成专谱《高南阜先生砚史年谱》。乾嘉时浙江僧人达受，尽管潜心佛学，但他对金石书画更是别有兴致，尤长于鉴赏，与当时的一些金石书画家也多有来往，因此60岁后就自记过去遇见过的金石书画及拓片题跋，按年记述，编成《宝素室金石书画编年录》二卷，有助于金石书画的考订。清代金石学家吴式芬为此谱写序时，这样评价此书："既可作上人之年谱观，亦可作上人之访碑录观"。

专谱还有以谱主某一时期活动为中心而编写的体例，如罗尔纲等编的《（金田起义前）洪秀全年谱》，专记谱主起义前之事。鲁迅的不同时期都有专谱，如日籍猪俣庄八编的《鲁迅日本留学时代年谱》、陈漱渝编的《鲁迅在北京时期活动年表》等。这类专谱对特定学术领域和谱主某一时期活动的研讨，文学价值比一般通谱稍高。

（2）通谱

通谱与专谱的综合叙述不同，通谱是对谱主一生各方面进行综合性叙述的谱例。它包括以下内容：

谱主的字号、籍贯、生卒与享年；

谱主的科名、仕历或经历与功业；

谱主的创作成就与学术造诣；

谱主的交游及有关人物的生卒与概况；

谱主的家事以及所受恩宠与哀荣；

当代大事及附录。

各谱根据谱主的不同情况，对上述各项选择性记述或全部记述。

（3）合谱

合谱是把有关人物写成一个谱，无法单行。最早的合谱是把宋代文学家苏洵、苏轼、苏辙父子三人合写成《三苏先生年谱》，但此谱已佚。元李道谦、丘处机等七位道士而编成《七真年谱》，是现存的最早的合谱。清林春溥编的《孔门师弟年表》是以孔子为主，联同孔门学生21人，合为师生编谱。乾嘉时期，金石家翁方纲自编《翁氏家事略记》即始于明正德二年（1507年），简述家世世系，为翁氏家族的合谱。

近人编制合谱在前人的基础之上有所发展，并且合谱方式呈现多样化：

①夫妇合谱

有夫妇合谱的，如黄盛璋所编《赵明诚李清照夫妇年谱》，记宋代金石家赵明诚与女词人李清照夫妇事迹。还如许维遹为乾嘉时经学家郝懿行、王照圆夫妇合编的《郝兰皋夫妇年谱》。此谱以郝懿行为主，行文中间及王照圆事迹，于"乾隆二十八年（郝懿行七岁）"条下始附入《继配王安人瑞玉年谱》，但于郝卒年，年谱即完结，不再记王氏之事。其不续编王谱的理由是，自郝氏去世之后，王氏便回家居住，"事迹萧沈，无从稽考"，所以合谱便结束在郝懿行卒年。

②父子合谱

有父子合谱，如现代学者钱穆为西汉目录学家刘向、刘歆父子合编的《刘向刘歆父子年谱》夏承焘为南唐词人李璟、李煜父子合编的《南唐二主年谱》再如刘盼遂为乾嘉时汉学家王念孙、王引之父子合编《（高邮）王氏父子年谱》，以父为主，子为附，子于出生时起附入父谱，并以低一格的形式注明附字再进行记事。

③家族人物合谱

有对家族人物的合谱，如《庐江钱氏年谱》便是上溯元统元年（1333年）庐江钱氏始祖，下迄清宣统三年（1911年）的全家合谱，始编于钱仪吉，后由钱骏祥续编，所记历时达五百余年之久。

④从事同一领域者合谱

有将从事同一领域者合编于一谱的，如以雍乾时期两位著名棋手为谱主所编的《范西屏施定盦（庵）二先生年谱》。此谱采用表体，分为四部分：年次；干支；谱主事要；资料。均为弈棋之事，内容简要，便于查阅。方壮猷所编《南宋编年史家二李年谱》即为《续资治通鉴长编》编者李焘与《建炎以来系年要录》编者李心传二人的合谱。

近代学者梁启超大力提倡合谱，他言道："从前有许多人同在一个环境，同做一种事业，与其替他们各做一部年谱，不如并成一部，可以省了许多笔墨和读者的精神。"(《中国历史研究法补编》)当然，合谱必须具备适合的条件，如亲密关系和共同事业等等。但是，具备这类条件的为数不多，因此合谱在年谱中数量远不如专谱、通谱的多。

■ 刊行与流传方式

年谱的刊行与流传方式大致有如下四种：

1. 稿本

稿本包括谱主自编与他人补撰两种稿本。谱主自订年谱，所记多是耳闻目见与个人的经历，又因是未刊稿本，因此大多没来得及修改，隐晦较少而容易得到实情。如天津图书馆所藏何葆麟自编的《悔庵自订年谱》，因谱主身处清末民国初年的过渡时期，尽管篇幅不多，但内容仍可参考。其民国二年（1913年）条，记这年八月初一日，张勋等人入南京时"大肆劫掠，商民之家，无一能免，甚有连劫三五次者"。可见北洋军的残虐暴行。但也有一些自订年谱稿本内容毫无意义，如南开大学所藏《延秋山馆自订年谱》稿本，谱主蒋曾燿，一生碌碌无为，不足称道，采择的意义不大。

他人补撰的稿本有两种不同情况，一种是补撰前人没有撰写过的年谱；另一种是前人已有所撰述，又别撰或增订者。这类稿本多半为编者未定待刊稿，内容与文字均有待勘正，如天津学者王汉章一生撰谱多种，有《纪晓岚年谱》《刘继庄年谱初稿》《盛意园先生年谱》《天南遁叟年谱》等。王汉章去世后，遗稿均为天津图书馆收藏。细检各谱，内容有补缺或增订，但均嫌简略。又如陈乃乾所编《黄九烟年谱》与《重编汤文正公年谱》，二者均见于陈氏所编《共读楼所藏年谱目》，并注有"稿本待刊"字样，后来各种年谱目录多据陈目辗转著录。

一些稿本尽管可见于著录，但明确原稿已佚，如王兆符所编的《方望溪年谱》，据苏惇元所编《方望溪年谱》自序与该谱的戴钧衡序中都明确指出王编方谱"今皆无传本"，"世亦绝未之见"，可证王编方谱已为佚谱。

有的稿本因别有抄本和刊印本，则其史料价值就相对低些，如方浚师所编《随园先生年谱》，据年谱目录著录除稿本、抄本外，还有《大公报》、大陆书局两种铅印本与《近代名人年谱丛刊》本。

有的稿本则是未完稿，如上海图书馆收藏的《张秋岩年谱》，谱主张焕宗，别字秋岩，清康熙时人，平生以教读、作幕僚为主。此谱自序作于乾隆四十三年（1778年），另据归朝熙序称谱主自记六十年一个甲子之事，则是谱应记至乾隆四十三年，而细检此谱，实际仅记至乾隆二十九年（1764年），显然此谱不完整，但不知是否是未记完，或是已记完而后散佚成残本，难以辨定。

2. 抄本

抄本，包括传抄本与清抄本两种。

有的抄本是据稿本传抄，如北京图书馆收藏的《襄勤伯鄂文端公年谱》四卷就是一个旧抄本，文字粗疏，书法拙劣，是一个品质不太好的抄本。上海图书馆收藏李钟文的《十年读书之庐主人自叙年谱》，据该谱谱后许谷人所作识语而知此谱为许氏传抄涵芬楼藏本。

一些抄本，书法端正，字迹清晰，非常像清稿本，但实际上却是清抄本，如北京图书馆所藏贺培新编的《水竹邨人年谱稿》与叶伯英的《耕经堂年谱》。《水竹邨人年谱稿》封面注称："原空格者照空，有朱圈者皆空格，凡注皆双行"。这个注说明此抄本和所据本有所不同，可证它是抄本。因所抄清楚端正，所以称作清抄本。

3. 油印本

一般而言，油印本多为基本上已经定稿，但仍准备征求意见加以充实补订，所以油印分发；有的或是成稿没有得到刊行的机会，先少量油印分发，也好保存。

油印的方式有的则是打字油印，如《黎元洪年谱》；有的是刻写油印，如王焕镳为清乾嘉时督抚陶澍所编的《陶文毅公年谱》。

有的年谱并非由原编者印发，而是由后人印发，如法式善编的《洪承畴年谱》就不是当时油印的，而是后人因洪承畴是清初时期重要的反面人物，认为不值得正式刊印，于是便打字油印使之流传；

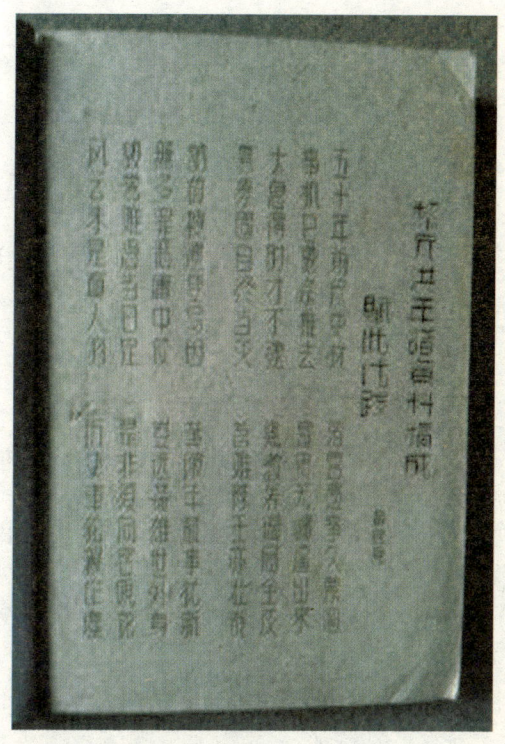

▲《黎元洪年谱资料》书影

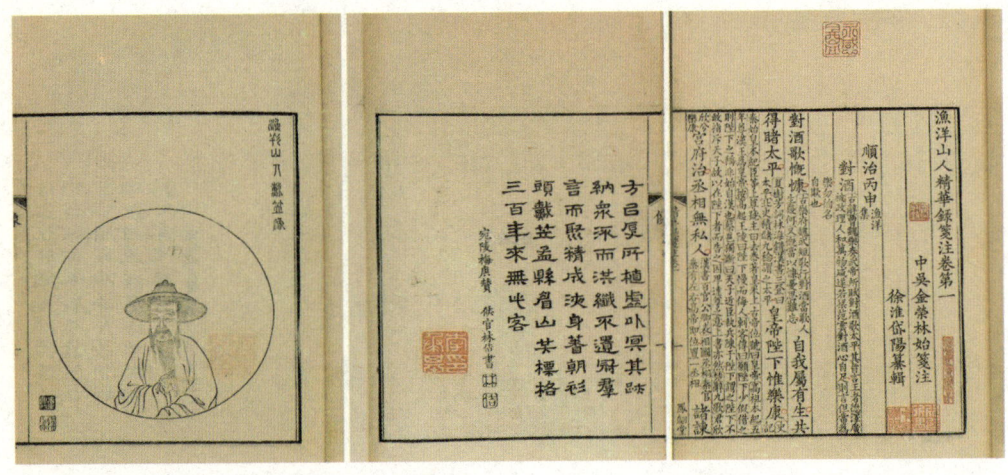

▲ 《渔洋山人精华录笺注》书影

有的谱主虽不重要，但谱中却记载了不少珍贵的史料，如赵守纯的《雪鸿山馆纪年》，原为中山大学图书馆馆藏稿本。谱主赵守纯是清道光咸丰时人，曾在江苏道府州县做幕客多年，办过捐输，在浙江某地做过知县，原本是一个微不足道的人物，但他在自编的年谱稿中却记录了一些与太平天国、小刀会和金钱会有关的资料，可供参考，但又没有大量刊行的必要。因此，1958年广州古籍书店即据稿本油印复制，供专门人员查阅使用。

4. 刊印本

年谱大部分都能正式刊印，刊印的方式有很多，年谱大多采用的是木刻本；也有精美的写刻本，如王士禛《渔洋山人精华录笺注》所附的《渔洋山人自撰年谱》；其他刊印的方式还有木活字本、石印本和铅印本等等。同时，这些刊印本以下列四种不同的流行形式传播。

①单行本

单行本年谱指刊印的年谱自成一书,独立流传。它们有的是由谱主自己或所在的家族印行的,称为家刻本或家印本,这部分数量较多,如赵光的《赵文恪公自订年谱》是光绪十六年家刻本;也有由他人与书店印行的,如陈训蛰为唐中立编写的《博斋先生年谱》就是民国十一年成都复真书局刊本。

② 合刻本

合刻本与合谱是不同的。合刻本是将谱主事迹相近或相似的几种单谱合在一起刊行,但仍旧保持各自的独立性的一种年谱刊行法式,如《归顾朱三先生年谱合刊》就是将归有光、顾炎武与朱柏庐三人的单行谱合刊在一起。这种合刊表示合刊者对于各单谱谱主的看法,认为他们在学术上有相近或相似之处。

③ 丛书本

明清时期以来,丛书日渐盛行,一些丛书就收刊有多种年谱,如清代《嘉业堂丛书》中就有顾炎武、查慎行、厉鹗、继佐、阎尔梅、瞿中溶、李兆洛、张金吾、徐同柏等人的年谱。其他还如《山右丛书》《畿辅丛书》等也多收录有年谱。

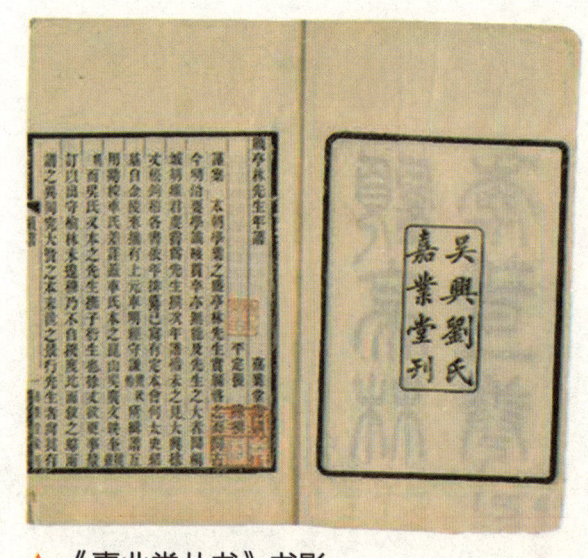

▲《嘉业堂丛书》书影

④附刻附印本

有的年谱并没有单行，而是附在其他专集、宗谱与报刊中。其中以附在诗文专集种的年谱数量最多，如严荣编的《述庵先生年谱》即附在谱主王昶的《春融堂集》卷首；陈玉绳编《陈星斋年谱》即附在谱主陈兆崙的《紫竹山房诗文集》中。解放后出版的诗文集也常附入年谱，如《郑板桥集》附有《郑板桥年表》；《蒲松龄集》附有《蒲柳泉先生年谱》。

附在家谱中的年谱一直不为人注意，实则往往是有价值的年谱，如《毗陵唐氏家谱》中有《清大司马蓟门唐公年谱》，谱主是康雍时期的刑部尚书唐执玉；又如《毗陵庄氏族谱》卷十二的《庄恒自叙年谱》，谱主庄恒是明朝遗老，记述的是遗老生活与家世变迁状况；同卷的《胥园府君年谱略》是乾隆时任过广东布政使的庄肇奎的年谱。《华亭王氏族谱》中有王兴尧的《遂高园主人自叙年谱》与王清瑞的《鹤闲草堂主人自述苦状》两种。

在报刊上发表年谱大多是辛亥革命以后的人所作。这类年谱散见于各种报刊，可利用报刊索引等工具书去求谱。

知识链接

中国历史大事年表

一、原始社会（约170万年前到约公元前21世纪）

约170万年前　　元谋人生活在云南元谋一带

约70—20万年前　北京人生活在北京周口店一带

约1.8万年前　山顶洞人开始氏族公社的生活

约0.7—0.5万年前　河姆渡、半坡母系氏族公社

约0.5—0.4万年前　大汶口文化中晚期，父系氏族公社

约4000多年前　传说中的炎帝、黄帝、尧、舜、禹时期

二、奴隶社会（公元前2070年—公元前476年）

夏（公元前2070年到公元前1600年）

公元前2070年　禹传予启，夏朝建立

商（公元前1600年到公元前1046年）

公元前1600年　商汤灭夏，商朝建立

公元前1300年　商王盘庚迁都殷

西周（公元前1046年到公元前771年）

公元前1046年　周武王灭商，西周开始

公元前841年　国人暴动

公元前771年　犬戎攻入镐京，西周结束

春秋（公元前770年—公元前476年）

公元前770年　周平王迁都洛邑，东周开始

三、封建社会（公元前475年—公元1840年）

战国（公元前475年—公元前221年）

公元前356年　商鞅开始变法

秦（公元前221年—公元前206年）

公元前221年　秦统一，秦始皇确立郡县制，统一货币、度量衡和文字

公元前209年　陈胜、吴广起义爆发

公元前207年　巨鹿之战

公元前206年　刘邦攻入咸阳，秦亡

公元前206年—公元前202年楚汉之争

西汉（公元前202年—8年）

公元前202年　西汉建立

公元前138年　张骞第一次出使西域

公元8年　王莽夺取西汉政权，改国号新

东汉（公元25年—220年）

公元25年　东汉建立

公元73年　班超出使西域

公元105年　蔡伦改进造纸术

公元132年　张衡发明地动仪

公元166年　大秦王安敦派使臣到中国

公元184年　张角领导黄巾起义

公元200年　官渡之战

公元208年　赤壁之战

三国（公元220年—280年）

公元220年　魏国建立

公元221年　蜀国建立

公元222年　吴国建立

公元230年　吴派卫温等率军队到台湾

公元263年　魏灭蜀

公元265年　西晋建立，魏亡

西晋（公元265年—316年）

公元280年　西晋灭吴

公元316年　匈奴攻占长安，西晋结束

东晋（公元317年—420年）

公元317年　东晋建立

公元383年　淝水之战

南北朝（公元420年—589年）

公元420年　南朝宋建立

公元494年　北魏孝文帝迁都洛阳

隋（公元581年—618年）

公元581年　隋朝建立

公元589年　隋统一南北方

公元605年　开通大运河

公元611年　隋末农民起义开始，山东长白山农民起义爆发

唐（公元618年—907年）

公元618年　唐朝建立，隋朝灭亡

公元627年—649年　贞观之治

公元713年—741年　开元盛世

公元755年—763年　安史之乱

公元875年—884年　唐末农民战争

五代（公元907年—960年）

公元907年　后梁建立，唐亡，五代开始

公元916年　阿保机建立契丹国

北宋（公元960年—1127年）

公元960年　北宋建立

公元1005年　宋、辽澶渊之盟

公元1038年　元昊建立西夏

公元11世纪中期　毕升发明活字印刷术

公元1069年　王安石开始变法

公元1115年　阿骨打建立金

公元1125年　金灭辽

南宋（公元1127年—1276年）

公元1127年　金灭北宋，南宋开始

公元1140年　宋、金郾城大战

公元 1206 年　成吉思汗建立蒙古政权，元灭金

元（公元 1271 年—1368 年）

公元 1271 年　忽必烈定国号元

公元 1276 年　元灭南宋

明（公元 1368 年—1644 年）

公元 1368 年　明朝建立，元朝结束

公元 1405 年—1433 年　郑和七次下西洋

公元 16 世纪中期　戚继光抗日倭

公元 1553 年　葡萄牙攫取澳门居住权

公元 1616 年　努尔哈赤建立后金

公元 1628 年　明末农民战争爆发

清（公元 1636 年—1911 年）

公元 1636 年　后金改国号为清

公元 1644 年　李自成建立大顺政权，农民军攻占北京，明亡

公元 1662 年　郑成功收复台湾

公元 1673 年　三藩叛乱开始

公元 1684 年　清朝设置台湾府

公元 1689 年　中俄签订《尼布楚条约》

公元 1771 年　土尔扈特部重返祖国

公元 1839 年　林则徐虎门销烟

公元 1840 年—1842 年　第一次鸦片战争

公元 1842 年　中英《南京条约》签订

公元 19 世纪四五十年代　中国无产阶级产生

公元 1851 年　金田起义、太平天国建立

公元 1856 年—1860 年　第二次鸦片战争

公元 1858 年　《瑷珲条约》《天津条约》签订

公元 19 世纪六七十年代　中国民族资产阶级产生

公元1860年　《北京条约》签订

公元19世纪60—90年代　洋务运动

公元1864年　天京陷落、太平天国运动失败

公元1883年—1885年　中法战争

公元1894年—1895年　中日甲午战争

公元1895年　中日《马关条约》签订

公元19世纪90年代　帝国主义在中国强占"租借地",划分"势力范围"

公元1898年　戊戌变法

公元1900年　义和团运动高潮,八国联军侵略中国

公元1901年　《辛丑条约》签订

公元1905年　中国同盟会成立

公元1911年　黄花岗起义、保路运动、武昌起义

四、近代史

民国（公元1912年—1949年）

公元1912年　中华民国建立

公元1913年　二次革命

公元1915年　新文化运动、护国运动开始

公元1916年　袁世凯恢复帝制失败

公元1919年　五四运动爆发

公元1921年　中国共产党成立

公元1923年　京汉铁路工人大罢工

公元1925年　五卅惨案、五卅反帝运动爆发

公元1926年　国民革命军出师北伐

公元1927年　南京国民政府建立,南昌起义

公元1928年　井冈山会师

公元1931年　九·一八事变

公元1934年　红军长征开始

公元1936年　西安事变

公元1937年　卢沟桥事变，日军南京大屠杀

公元1940年　百团大战

公元1941年　皖南事变

公元1947年　发动"反饥饿、反内战、反迫害"的爱国运动

五、现代史

公元1949年　中华人民共和国成立

公元1950年　中国人民志愿军赴朝作战

公元1951年　西藏和平解放

公元1952年　彻底废除封建剥削制度

公元1953年　第一个五年计划开始

公元1954年　中华人民共和国宪法诞生

公元1966年　文化大革命开始

公元1976年　四五运动，文化大革命结束

公元1978年　改革开放

公元1992年　邓小平讲话，加快改革开放

公元1997年　香港回归

公元1999年　澳门回归

第五章
形形色色的年谱

年谱的种类有很多,我们可以将之分为自编类和非自编类(其他类),非自编类又分为家属所撰类、友生所编类与后人所编类三类,本章为读者们一一阐述。

第一节 自编类

■ 概 述

自编类年谱始于宋代,史料中记载的有真德秀《真西山年谱》等五部年谱,但如今存世的仅有文天祥的《纪年录》一卷;元代有方回的《先觉年谱》;明清时期就更多了,清代尤甚,自编年谱几乎占全部年谱的四分之一。明代如魏大中《廓园自订年谱》一卷、郑鄤《天山自叙年谱》一卷;清代如王崇简、尤侗等人均有自编年谱,张謇《啬翁自订年谱》、沈德潜《沈归愚自订年谱》、英和《恩福堂年谱》等。一些人认为自编类年谱始于司马迁的自叙,如清人黄恩彤在《稀龄追忆录》自序中曾言道:"近世卿大夫往往自著

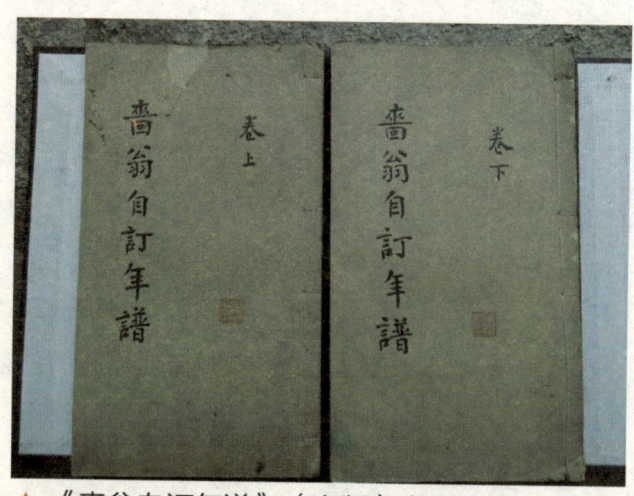

▲《啬翁自订年谱》(出版)书影

年谱,盖昉于太史公之自叙,其所由来远矣。"这一说法是不准确的,因为《太史公自叙》仅为一篇自传,而并非年谱。

自编类年谱主要是为了记述成就,宣扬业绩。有的则是自记生平以垂告后世子孙或希望载入家谱,借以传流。还有一些则是一生遭遇坎坷者,壮志未酬,借自编年谱来宣泄自己的未满之志。

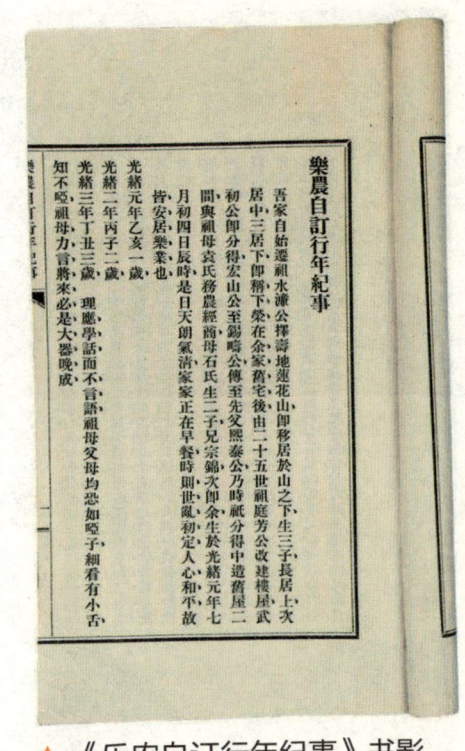

▲《乐农自订行年纪事》书影

■ 谱主自订年谱

谱主自订年谱,如明清之际的吴庄于60岁时自编《花甲自谱》,记其60年的遭遇。嘉庆时期时任福建巡抚的徐宗幹,自编《斯未信斋主人自订年谱》,以自记仕历并耀示他所受过的荣宠。资本家荣德生的《乐农自订行年纪事》即自记其发家经过。

这些自编年谱有的止笔时正好是卒年,然而大多未至卒年,如嘉道时期历任江苏若干县知县的王锡九,卒于咸丰五年(1855年)59岁,而自谱仅记至咸丰二年(1852年)56岁。

■ 谱主口述年谱

谱主口述,由他人笔录整理。这类年谱名为谱主自编,实则由谱

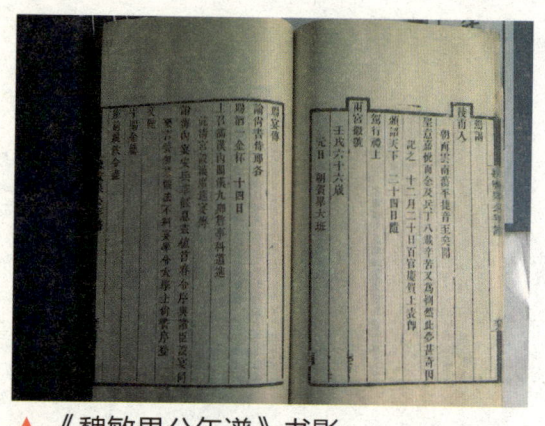

▲《魏敏果公年谱》书影

主口授，子孙或亲属笔录整理成谱。如《魏敏果公年谱》由谱主魏象枢口授，子学诚等编录；《病榻梦痕录》由谱主汪辉祖口述，二子继壕、继培笔记；《崇德老人自订年谱》由谱主曾纪芬口授，女婿瞿宣颖笔录，这是现存仅有的一种妇女自编年谱。

■ 子孙补订

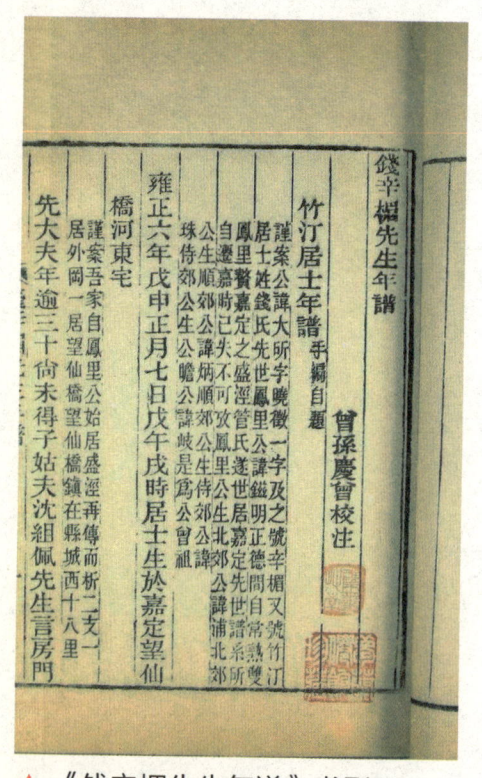

▲《钱辛楣先生年谱》书影

谱主先自订，然后由子孙、亲属、门人或其他人为之补注、校订与续编。如吴省钦的《白华年谱》是乾隆四十五年（1780年）时手订，卒后嗣子敬枢于嘉庆十五年（1835年）又续补至嘉庆八年（1828年）谱主之卒而附刊于《白华后稿》卷首。王士禛的《渔洋山人自撰年谱》就是由门生惠栋加以补注。

乾嘉学者钱大昕曾自编年谱至乾隆五十七年（1792年）止，题《竹汀居士年谱》，曾孙钱庆曾为之校注与续编，校注于各条之后补入涉及人物的生平和记事的欠详处，间或引述谱主著述以注记事，续编则自乾隆五十八年（1793年）至谱主卒年，补足著述与交游的相关记事，题《竹汀居士年谱续编》，后其刊出时题《钱辛楣先生年谱》。又如明清时期的李世熊曾自编从明万历三十年（1602年）出生起，至清顺治三年（1646年）清军入长汀，南明隆武政权覆灭，隐居山林搁笔。清康熙二十五年（1686年），谱主卒，其子李权又自顺治四年（1647年）补叙至卒年。

知识链接

捐　输

　　捐输，也称作捐纳，是封建时期政府通过个人捐银、捐粮授予官职，以增加政府的收入与解决诸如赈灾、筹饷、战争、备边、兴办工程等经费来源的一种方式。是当时的一大弊政。始于秦代，明清时期尤盛，清代乾隆之前对捐输授官仍有一定的限制，鸦片战争之后，广开捐例，清末时期各省捐纳人员已不能安插。

第二节 其他类

■ 家属所编类

　　此类中以子为父编谱的居多,如倪祖常为其父倪思编有《倪文节公年谱》,宋人周纶为其父周必大编有《周益国文忠公年谱》;元人刘因为其父刘述编有《先君记事》一卷;清人王开云为其父王文雄编有《王壮节公年谱》,王代功为其父王闿运编有《湘绮府君年谱》等。有孙为其祖辈编谱的,如宋人张同然为其祖张载编有《横渠先生张献公年谱》,黄㸧为其祖黄庭坚编有《山谷先生年谱》;清人张穆为其祖张佩芬编有《先大父泗州府君事辑》,邓邦康为其曾祖邓廷桢编《邓尚书年谱》,查慎行的外曾孙敬璋为查编有《查他山先生年谱》,钱陈群的六世孙钱志澄据陈群曾孙钱仪吉的残稿为陈群编《文端公年谱》。有侄为伯父编谱的,如清人张继文为伯父张穆编有《先伯石洲公年谱》。有弟为兄撰谱的,如宋人卫湜为其兄卫泾编有《文节公年谱》;清人王士禛为其兄士禄编有《王考功年谱》;王廷伟为其兄廷?编有《芥岩先生年谱》等。有子为母编谱的,如尹嘉铨编有《尹太夫人年谱》;

陆继略编有《先太孺人年谱》。有婿为岳父编谱的，如周宗谟为余保纯编有《外舅余冰怀先生年谱》。有夫为妻编谱的，如毛元勋为妻徐氏编有《寒闺年谱》。

■ 友生所编类

　　友生是对于门人、朋友等而言的，其中以门人为老师编谱居多。门人为师编谱可上溯至宋代，如朱熹门人李方子编有《朱文公年谱》一卷。清代此风更为盛行，如段玉裁为戴震编有《戴东原先生年谱》、董秉纯为全祖望编有《全谢山年谱》。有的是由门人集体编谱，如檀萃的《默斋先生寿图谱》署滇南门人撰写，近人梁士诒有《梁燕孙先生年谱》署凤岗及门弟子撰。也有弟子与家属合编而成的，如为乾嘉时阮元编有《雷塘庵弟子记》八卷，其卷一卷二为门人张鉴编写，卷三至卷四由子阮常生编写，卷五至卷六由子阮福编写，卷七由子阮孔厚编写，卷八是小门生柳兴厚所编。有谱主与弟子合编的，如明清之际郑敷教编有《郑桐庵先生年谱》二卷，卷上由门人卢泾材、徐云祥编写，卷下由门人沈明扬、钦兰就谱主自记重辑。有幕客为府主编谱的，如韩超的门客陈昌运为其编有《南溪韩公年谱》，李续宾的门客傅琳为其编有《李忠武公年谱》，又如沈祖宪、吴闿生为袁世凯编有《容庵弟子记》，从书名看似乎是门人为师编谱，实则并无师徒关系，而是幕僚为谱主编谱。有为友人编谱的，如王永祺为胡宝瑔编有《泰舒胡先生年谱》、钱玄同为刘师培编有《左盦年表》。

后人补编类

此类年谱是年谱创始阶段中为数较多的一类,如著名文学家陶渊明、韩愈、柳宗元与杜甫等均有宋人为其撰谱。后人为研究文人学者的生平和成就而补撰,撰谱人多为有一定学术水平的学者。

清代以来,随着学术研究的不断发展,这类年谱数量也日益增多。清代各学术界的著名学者多有后人按年编次他们的事迹,编为年谱。如目录学家缪荃孙为地理学家徐松编有《徐星伯先生年谱》、算学家李俨为算学家梅文鼎编有《梅文鼎年谱》、史学家黄云眉为史学家邵晋涵编有《邵二云先生年谱》、文字学家刘盼遂为文字学家段玉裁编有《段玉裁先生年谱》。甚至还有外国学者为中国学者文人补撰年谱的,如朝鲜人元泳义编有《孔子实纪》四卷,也是孔子年谱的一种。

正因为有这样一大批年谱编者,因此年谱较其他类著述体现出内容丰富、范围广、数量多,对我们现今的研究工作具有重要作用。

知识链接

《徐志摩年谱》及其意义

《徐志摩年谱》由陈从周撰写,而徐志摩就是陈从周的表姐夫。由于当时政治背景下,此年谱的出版颇费周折,直到文革后方才出版。

徐志摩逝世时,"五四"新文学运动绝大部分代表作家仍然健在,作家年谱的编撰为时尚早。鲁迅逝世后,其好友许寿裳编撰的《鲁迅先生年谱》成为中国现代文学史上第一部新文学作家年谱,但这仅有五千余字的"简谱"，称其为"《鲁迅先生年谱》"也未尝不可，然而它并非是以单行本形式出现的。陈从周编撰的《徐志摩年谱》才是第一部以单行本面世的较为完整的中国新文学作家年谱，不仅对徐志摩的研究有着重要的价值，更在中国现代作家年谱编撰史上开了历史之先河，其意义可见非同寻常。

图片授权

全景网

壹图网

中华图片库

林静文化摄影部

敬　启

　　本书图片的编选，参阅了一些网站和公共图库。由于联系上的困难，我们与部分入选图片的作者未能取得联系，谨致深深的歉意。敬请图片原作者见到本书后，及时与我们联系，以便我们按国家有关规定支付稿酬并赠送样书。

　　联系邮箱：932389463@qq.com

参考书目

1. 姚建康．编著．家谱编修指南．昆明：云南人民出版社，2006．
2. 来新夏，徐建华．中国读本——中国的年谱与家谱．北京：中国国际广播出版社，2010．
3. 饶伟新．编．族谱研究社会．北京：科学文献出版社，2013．
4. 阎晋修．编著．家谱（共2册）．成都：四川科技出版社，2006．
5. 上海图书馆．编．中国家谱资料选编（全十八册）．上海：上海古籍出版社，2013．
6. 林学勤．著．中国家谱的编纂．石家庄：河北人民出版社，2012．
7. 李万军．著．中华传统家谱文化常识．郑州：中州古籍出版社，2014．
8. 岳晗．著．家国情怀：儒家与族谱．郑州：中州古籍出版社，2014．
9. 钱杭．著．中国宗族史研究入门．上海：复旦大学出版社，2009．
10. 冯尔康．等著．中国宗族史．上海：上海人民出版社，2009．
11. 徐扬杰．著．中国家族制度史．武汉：武汉大学出版社，2012．

中国传统民俗文化丛书

一、古代人物系列（13本）
1. 中国古代乞丐
2. 中国古代道士
3. 中国古代名帝
4. 中国古代名将
5. 中国古代名相
6. 中国古代文人
7. 中国古代高僧
8. 中国古代太监
9. 中国古代侠士
10. 中国古代幕僚
11. 中国古代皇后
12. 中国古代士人
13. 中国古代华侨

二、古代民俗系列（10本）
1. 中国古代民俗
2. 中国古代玩具
3. 中国古代服饰
4. 中国古代丧葬
5. 中国古代节日
6. 中国古代面具
7. 中国古代祭祀
8. 中国古代剪纸
9. 中国古代鞋帽
10. 中国古代生肖文化

三、古代收藏系列（16本）
1. 中国古代金银器
2. 中国古代漆器
3. 中国古代藏书
4. 中国古代石雕
5. 中国古代雕刻
6. 中国古代书法
7. 中国古代木雕
8. 中国古代玉器
9. 中国古代青铜器
10. 中国古代瓷器
11. 中国古代钱币
12. 中国古代酒具
13. 中国古代家具
14. 中国古代陶器
15. 中国古代年画
16. 中国古代砖雕

四、古代建筑系列（12本）
1. 中国古代建筑
2. 中国古代城墙
3. 中国古代陵墓
4. 中国古代砖瓦
5. 中国古代桥梁
6. 中国古塔
7. 中国古镇
8. 中国古代楼阁
9. 中国古都
10. 中国古代长城
11. 中国古代宫殿
12. 中国古代寺庙

五、古代科学技术系列（15本）
1. 中国古代科技
2. 中国古代农业
3. 中国古代水利
4. 中国古代医学
5. 中国古代版画
6. 中国古代养殖
7. 中国古代船舶
8. 中国古代兵器
9. 中国古代纺织与印染
10. 中国古代农具
11. 中国古代园艺
12. 中国古代天文历法
13. 中国古代印刷
14. 中国古代地理
15. 中国古代地方志

六、古代政治经济制度系列（16本）
1. 中国古代经济
2. 中国古代科举

3. 中国古代邮驿
4. 中国古代赋税
5. 中国古代关隘
6. 中国古代交通
7. 中国古代商号
8. 中国古代官制
9. 中国古代航海
10. 中国古代贸易
11. 中国古代军队
12. 中国古代法律
13. 中国古代战争
14. 中国古代衙门
15. 中国古代外交
16. 中国古代盐文化

七、古代文化系列（26本）

1. 中国古代婚姻
2. 中国古代武术
3. 中国古代城市
4. 中国古代教育
5. 中国古代家训
6. 中国古代书院
7. 中国古代典籍
8. 中国古代石窟
9. 中国古代战场
10. 中国古代礼仪
11. 中国古村落
12. 中国古代体育
13. 中国古代姓氏
14. 中国古代文房四宝
15. 中国古代饮食
16. 中国古代娱乐
17. 中国古代兵书
18. 中国古代哲学
19. 中国古代宗祠
20. 中国古代奇案
21. 中国古代旅游
22. 中国古代家风
23. 中国古代地名
24. 中国古代家谱与年谱
25. 中国古代名字与别号
26. 中国古代墓志铭

八、古代艺术系列（12本）

1. 中国古代艺术
2. 中国古代戏曲
3. 中国古代绘画
4. 中国古代音乐
5. 中国古代文学
6. 中国古代乐器
7. 中国古代刺绣
8. 中国古代碑刻
9. 中国古代舞蹈
10. 中国古代篆刻
11. 中国古代杂技
12. 中国古代民间工艺